GERMAINE GUÈVREMONT :
LA TENTATION
AUTOBIOGRAPHIQUE

YVAN G. LEPAGE

GERMAINE GUÈVREMONT :

La tentation autobiographique

Les Presses de l'Université d'Ottawa

Données de catalogage avant publication (Canada)

Lepage, Yvan G.

Germaine Guèvremont : la tentation autobiographique

(Collection Œuvres et auteurs, ISSN 1480-297X)

Comprend des références bibliographiques

ISBN 2-7603-0465-5

1. Guèvremont, Germaine, 1893-1968 — Critique et interprétation. 2. Autobiographie dans la littérature. I. Titre. II. Collection

PS8513.U47Z66 1998   C843'.52   C98-900004-4
PQ3919.G83Z66 1998

Les Presses de l'Université d'Ottawa remercient le Conseil des Arts du Canada, le ministère du Patrimoine canadien et l'Université d'Ottawa de l'aide qu'ils apportent à leur programme de publication.

Maquette de la couverture : Robert Dolbec
Mise en pages : Colette Désilets

ISBN 2-7603-0465-5   ISSN 0027-9633

© Les Presses de l'Université d'Ottawa, 1998
542, King Edward, Ottawa (Ont.), Canada, K1N 6N5
press@uottawa.ca   http://www.uopress.uottawa.ca

Imprimé et relié au Canada

TABLE DES MATIÈRES

~

AVANT-PROPOS

Évoquer Germaine Guèvremont (1893-1968), c'est faire surgir le personnage mythique du Survenant, lié, dans l'imaginaire québécois, aux temps heureux d'un passé révolu.

Aucune œuvre littéraire — à l'exception d'*Un homme et son péché* — n'a connu un succès populaire semblable à celui du *Survenant*. Constamment réédité depuis 1945, le roman est devenu un classique. Porté au petit écran, il a charmé, entre 1954 et 1960, des milliers de téléspectateurs qui, à la fin de chaque émission, voyaient avec un profond sentiment de nostalgie s'éteindre une lampe et se refermer un livre, aux accents mélancoliques de *Greensleeves*. Pour ces générations qui ont connu les débuts de la télévision québécoise et qui, souvent, ont « vu » *le Survenant* et *Marie-Didace* avant de les avoir lus, les personnages fascinants de Germaine Guèvremont — le Grand-dieu-des-routes, Angélina, Amable, Phonsine, le père Didace — garderont à jamais les figures des interprètes qui les ont incarnés : Jean Coutu, Béatrice Picard, Clément Latour, Suzanne Langlois et Ovila Légaré.

Lue et commentée dans les écoles, les cégeps et les universités, l'œuvre de Germaine Guèvremont trouve aussi d'année en année de nouveaux et fidèles lecteurs dans le grand public. Elle envoûte, comme *le Grand Meaulnes*, réveillant en nous le regret d'un paradis perdu. Elle porte en elle la présence de la terre, de la lumière, des sons et des parfums, qu'elle restitue pour chacun d'entre nous, tels qu'ils y sont déposés depuis l'enfance. Frémissante et sensuelle, elle illumine.

Le Survenant (1945), qui forme avec *Marie-Didace* (1947) un diptyque, clôt une longue série de romans de la terre, inaugurée cent ans plus tôt avec *la Terre paternelle* de Patrice Lacombe (1846). Ce type de roman, que l'on qualifie aussi de « régionaliste », occupe dans la littérature québécoise une place exceptionnellement importante. Il se présente en effet comme le produit d'une idéologie qui a dominé le Canada français jusque dans les années cinquante, et qui repose sur une triple conviction quasi sacrée : le Québec est une province rurale, française et catholique. Corollairement, la ville, dominée par l'Anglais et l'étranger, est un lieu d'assimilation, de misère et de perdition. La campagne seule apporte l'harmonie et le bonheur. Malgré ce qu'elle peut avoir de naïf et de désincarné, cette idéologie n'en a pas moins engendré quelques chefs-d'œuvre, à commencer par le très célèbre *Maria Chapdelaine* (1916) de Louis Hémon, qui a servi de matrice à bien d'autres, et en particulier à *Menaud, maître-draveur* (1937) de Félix-Antoine Savard. Avec *Trente arpents* (1938) de Ringuet, le roman de la terre sombre dans la désespérance. Mais c'est avec Germaine Guèvremont qu'il devait jeter ses derniers feux.

Bien que *le Survenant* se conforme en grande partie au modèle du roman régionaliste, il en fait éclater le cadre en introduisant dans un univers traditionnellement étriqué d'hommes asservis à la terre, un héros charismatique, chantre de l'insouciance, de la jeunesse et de la liberté. Jusque-là, la terre constituait pour ainsi dire le personnage principal du roman régionaliste ; avec Germaine Guèvremont, ce « personnage » monotone et désuet est évacué au profit d'un jeune étranger doué d'un tel pouvoir de séduction qu'il s'est depuis transformé en un véritable mythe. Aussi est-ce à lui, et non au père Didace, représentant du monde paysan, que revient le mérite d'ouvrir le roman, et cela au prix même d'une rupture de la structure traditionnelle du roman de la terre.

Les lecteurs d'aujourd'hui peuvent mesurer le formidable effet que produisit *le Survenant* en écoutant le témoignage d'un collégien d'autrefois :

> ◠ Jamais je n'oublierai cet après-midi de l'hiver finissant ! [...] J'avais cherché refuge contre l'ennui dans la salle d'étude du collège. Je cueillis dans le tiroir de mon voisin le livre qu'il dévorait derrière ses dictionnaires, au cours des heures que nous devions respectueusement consacrer à l'étude du grec. Je l'ouvris. « Un soir d'automne, au Chenal du Moine [...] ».
>
> Lentement, doucement, le charme de ce roman m'envahit. Les bruits et les odeurs du collège s'évanouirent ; les longues files de pupitres, la tribune du surveillant et les tableaux s'estompèrent. Suivi de Z'Yeux-ronds, je marchais avec le Survenant, sur la route de Sainte-Anne de Sorel ; j'entrais chez les Beauchemin et m'assoyais à leur table [...].
>
> Avions-nous (je dis nous, car je ne fus pas le seul à connaître cet envoûtement) l'enthousiasme trop naïf ? Nous avions seize ou dix-huit ans [...]. Les romans de Madame Guèvremont nous émurent tant alors, je l'ai compris plus tard, parce qu'ils exprimaient l'adieu aux temps heureux de notre enfance [...][1]. ◠

*
* *

Le Survenant et *Marie-Didace* sont des œuvres de maturité. Germaine Guèvremont allait avoir cinquante ans quand elle en commença la rédaction, le 1er novembre 1942, quelques mois après la publication d'*En pleine terre*. Ce recueil de « paysanneries » et de contes sans prétention a pour principal mérite d'esquisser, dans le cadre enchanteur du Chenal du Moine, les principaux personnages qui peuplent l'univers du *Survenant* et de *Marie-Didace*. En ce sens, *En pleine terre* sert d'introduction aux romans de Germaine Guèvremont ; mais par rapport à la perfection de l'œuvre romanesque, ce recueil n'est encore qu'un balbutiement.

Le succès de ses deux romans fut tel que Germaine Guèvremont fut tout naturellement invitée à les adapter pour la radio dès 1947, puis pour la télévision à partir de 1954. Absorbée par cette lourde et exigeante tâche, qui la riva à sa table de travail jusqu'en 1960, elle ne revint jamais vraiment au roman. Elle fut tentée, certes, de donner une suite à *Marie-Didace*, mais tous ses efforts n'aboutirent qu'à la publication, en 1959, d'un premier et unique chapitre, plutôt décevant, intitulé « Le plomb dans l'aile ». La source était tarie. Elle comprit alors qu'il valait mieux revenir à sa vocation première, le journalisme.

On oublie en effet (quand on ne l'ignore pas tout simplement) que Germaine Guèvremont fut aussi journaliste. Sur une période de près de cinquante ans (1913-1962), elle publia environ cent cinquante articles et chroniques dans divers journaux et revues. C'est ce que Pierre Girouard a appelé son « œuvre cachée ». Bien qu'épars et peu accessible, ce corpus mérite d'être connu. Le présent ouvrage, qui se donne pour objectif d'éclairer l'œuvre entière de Germaine Guèvremont, ne pouvait donc négliger le volet journalistique. Ce volet n'est cependant pas homogène. On y a distingué les chroniques proprement dites des écrits autobiographiques et semi-autobiographiques, de loin les plus curieux, car ils révèlent une facette insoupçonnée de la personnalité de la romancière, aux prises avec un complexe d'Œdipe jamais entièrement résorbé. On ignore généralement que Germaine (baptisée Marianne Germaine), benjamine de la famille Grignon, avait eu non pas une mais deux sœurs : Jeanne, l'aînée (1890-1978), qui lui survécut, et Germaine, née le 11 décembre 1891 et qui ne vécut que quelques mois. Marianne Germaine hérita donc d'un prénom redevenu libre après la mort d'une sœur puînée, dont elle se trouvait ainsi à prendre la place. Épreuve redoutable pour une enfant timide et impressionnable. Germaine semble avoir très tôt compris qu'une part secrète de l'amour maternel lui serait à jamais refusée ; aussi s'efforça-t-elle de monopoliser l'attention et l'affection de son père, qu'elle s'attacha à imiter après l'avoir idéalisé. Joseph-Jérôme Grignon passa sa vie à écrire ; sa fille devait en faire autant. Elle fut toujours tentée par l'autobiographie. Quelque chose en elle la torturait, que, malgré d'incessants efforts, elle ne parvint jamais à exprimer que par bribes. Passe encore pour les souvenirs d'enfance anodins ; mais dès qu'elle aborde les années cruciales qui suivirent l'âge de raison, elle est pour ainsi dire paralysée par la censure. Pour sortir de cette impasse, un seul recours : la transposition littéraire, merveilleux stratagème qui fournit depuis toujours au créateur le moyen de vivre par procuration, grâce aux personnages fictifs, fruits de son imagination et de son expérience intime. Si jamais l'écriture a pu s'apparenter à une thérapie, ce fut bien le cas pour Germaine Guèvremont, ainsi qu'on s'efforcera de le montrer dans le présent ouvrage, en particulier au chapitre 2 et dans la conclusion générale, au terme de notre itinéraire.

Par souci de clarté, l'étude a été divisée en deux parties. Les quatre premiers chapitres examinent la vie et la carrière de Germaine Guèvremont, ses écrits autobiographiques et semi-autobiographiques, son œuvre journalistique et son recueil *En pleine terre*. Ces contes servent d'introduction à son diptyque romanesque, auquel sont consacrés les six chapitres de la seconde partie. Après un résumé analytique du *Survenant* et de *Marie-Didace*, sont abordés tour à tour le temps et la structure, l'espace et les personnages, l'art de la romancière et la réception de son œuvre. La conclusion constitue, comme il se doit, un résumé et un bilan ; mais elle va au-delà, dans la mesure où elle permet de saisir, grâce aux résultats acquis et moyennant une brève incursion dans le monde de la psychocritique, le sens profond de l'œuvre de Germaine Guèvremont. S'éclaire du même coup le sous-titre de la présente étude.

*
* *

J'ai procuré, dans la « Bibliothèque du Nouveau Monde », aux Presses de l'Université de Montréal, des éditions critiques du *Survenant* (1989) et de *Marie-Didace* (1996). Précédées d'une introduction, où sont examinées la genèse et la réception des deux romans, ces éditions annotées sont suivies d'un glossaire des centaines de régionalismes qu'emploie l'auteur, ainsi que d'une bibliographie des écrits de Germaine Guèvremont et des études qui lui ont été consacrées. On voudra bien s'y reporter.

La société d'édition « Bibliothèque québécoise » (BQ) a fait paraître, en 1990 et 1995 respectivement, des éditions de poche du *Survenant* (présenté par Yvan G. Lepage) et de *Marie-Didace* (présenté par Madeleine Ferron). Toutes nos références renvoient à ces éditions courantes. Pour *le Survenant* sont indiqués le chapitre en chiffres romains et la page en chiffres arabes ; pour *Marie-Didace*, les renvois aux chapitres et aux pages sont précédés, en chiffres romains, de l'indication de la partie (« I » ou « II »).

Note

1. Yvon Daigneault, « Germaine Guèvremont s'était faite la confidente attentive des siens », *le Soleil*, 31 août 1968, p. 30.

~

PREMIÈRE PARTIE

GERMAINE GUÈVREMONT, JOURNALISTE ET CONTEUSE

CHAPITRE PREMIER

~

MANOUCHE

Quel souverain solaire n'a pas sa part d'ombre ?

Jean Lacouture, *De Gaulle*, 3 : *Le Souverain*, p. 421.

Germaine Grignon-Guèvremont, née à Saint-Jérôme le 16 avril 1893, est issue du mariage de Valentine Labelle et de Joseph-Jérôme Grignon, liés l'un et l'autre à deux des plus anciennes familles de Saint-Jérôme.

Valentine Labelle (1868-1932) était apparentée en lignes collatérales au curé Antoine Labelle (1833-1891), surnommé « le Roi du Nord », et à la cantatrice Albani, pseudonyme d'Emma Lajeunesse (1847-1930). Cultivée et tôt émancipée, elle occupait ses loisirs à peindre, n'hésitant pas, au plus grand scandale des bien-pensants, à fréquenter les ateliers de Montréal.

Joseph-Jérôme Grignon (1863-1930) était le sixième d'une famille de onze enfants. Son père, Médard (1828-1897), violoneux et conteur, souffrait d'une légère claudication, dont Germaine Guèvremont devait se souvenir quand elle créa le personnage d'Angélina, amoureuse du Survenant. Ce léger handicap explique pourquoi c'est à Médard plutôt qu'à l'un ou l'autre de ses frères qu'échut l'Hôtel du Peuple, auberge que l'aïeul Jean-Baptiste, dit « Jeanjean » (1791-1879) s'était fait construire, vers 1835, face au parc Labelle, à l'endroit où devait être érigé le vieux palais de justice, inauguré en 1924 et transformé depuis 1970 en centre culturel. Joseph-Jérôme passa sa vie à rêvasser, à composer et surtout à écrire, tout comme son frère Edmond, mieux connu sous le pseudonyme de « Vieux Doc » (1861-1939). Quant à Claude-Henri Grignon (1894-1976), auteur des célèbres *Belles Histoires des Pays d'en haut* et créateur du fameux *Séraphin*, il est le fils du docteur Wilfrid Grignon (1854-1915), frère aîné de Joseph-Jérôme, et de ce fait cousin germain de Germaine Guèvremont.

Admis au barreau en 1883, Joseph-Jérôme Grignon exerça à Saint-Jérôme, où il devint quelques années plus tard rédacteur du journal *le Nord*, hebdomadaire conservateur. En 1895, deux ans après la naissance de sa fille cadette « Manouche » (surnom de Germaine), il fut nommé protonotaire adjoint du district judiciaire de Terrebonne, à Sainte-Scholastique, où la famille s'installa pour près de trente ans. Les nombreux loisirs que lui laissait cette fonction lui permirent de satisfaire son goût pour la nature et la solitude, ainsi que sa passion pour la pêche, la musique et l'écriture.

La relative aisance que lui procurait son rang de notable provincial lui permit, en 1899, de se faire construire une maison de bonne taille, rue Saint-Jacques (actuelle rue Belle-Rivière, au numéro 9792), à quelques pas du palais de justice et de la prison. La mémoire locale retient que c'est dans la cour de cette prison (démolie peu après 1924, à la suite du transfert à Saint-Jérôme du chef-lieu du district judiciaire) que furent pendus Cordélia Viau et Samuel Parslow, le 10 mars de cette même année 1899[1].

La petite Germaine reçut une éducation que l'on peut sans exagération qualifier d'irrégulière et dont les lacunes, quoique en partie compensées par une curiosité naturelle, ne furent jamais vraiment comblées. Après quelques années au couvent des sœurs de Sainte-Croix à Sainte-Scholastique, elle fréquenta tour à tour les pensionnats des sœurs de Sainte-Anne à Saint-Jérôme (1904-1907) et à Lachine (1907-1908), avant de se retrouver pensionnaire à Loretto Abbey, à Toronto, où elle apprit le piano et l'anglais. Ses études terminées, elle rentra à Sainte-Scholastique, où, pour s'occuper, elle travailla comme substitut occasionnel du sténographe officiel du palais de justice, servant aussi de secrétaire aux avocats de passage. Le 11 octobre 1913, elle publie son premier article dans le « Coin des étudiants » du journal libéral *le Canada*, sous le pseudonyme « Janrhêve ». Elle a vingt ans et cherche un sens à sa vie. Tout au long de l'année suivante, elle collabore à la chronique « Le monde féminin » de *l'Étudiant*, journal des étudiants de l'Université de Montréal, et elle fait paraître deux courts articles, toujours sous le même pseudonyme, dans « Le royaume des femmes » de *la Patrie*.

Victor Barbeau (1896-1994), qui fut étudiant à l'Université de Montréal de 1913 à 1915, fut intrigué par cette inconnue qui se cachait sous un pseudonyme vaporeux. Comme il collaborait alors au *Nationaliste*, où il signait un article hebdomadaire, il eut l'idée d'interviewer cette « collègue » qui écrivait dans *l'Étudiant*. Son interview, intitulée « Janrhêve », parut le dimanche 13 décembre 1914. Cette première rencontre, qui eut lieu dans le train Montréal-Sainte-Scholastique, devait marquer pour eux le début d'une longue amitié, soumise toutefois à des intermittences, car la vie allait souvent les séparer, parfois pour de longues périodes.

Ce bref passage à *l'Étudiant* faillit ne pas avoir de lendemain. Germaine ne reprendra la plume que douze ans plus tard, en 1926, alors que débutera sa carrière de journaliste. Entre-temps, une série d'événements allaient bouleverser son existence.

Rita Leclerc[2] a rappelé dans quelles circonstances un « Survenant » d'origine norvégienne, Benedict W. (Bill) Nyson, était entré dans la vie des Grignon, en 1914. Venu à Sainte-Scholastique couvrir une affaire pour le *Star* de Montréal, où il était journaliste, Bill Nyson subjugua toute la famille, Germaine au premier chef. Mais il lui préféra Jeanne, la sœur aînée, qu'il épousa le 25 novembre 1915. Ce fut peut-être le premier véritable chagrin d'amour de Germaine. Peu après, Bill Nyson s'enrôla et partit en Europe pour toute la durée de la guerre. Quant à Jeanne, elle revint à la maison paternelle pour y donner naissance à des jumelles, « qui à leur tour donnèrent bien du tintouin à la maisonnée » (*Paysana*, juin 1943, p. 14).

Quelques mois plus tard, Germaine épousa Hyacinthe Guèvremont. Elle avait fait sa connaissance à Ottawa, où il était fonctionnaire au Service des douanes. Le mariage eut lieu le 24 mai 1916, à Sainte-Scholastique. Le jeune couple s'installa à Ottawa pour quatre ans, d'abord au 441 de la rue Nelson, puis, à partir du 26 avril 1918, au 86 de la rue Osgoode (adresse disparue depuis, à la suite de l'expansion du campus de l'Université d'Ottawa), toujours dans le quartier de la Côte de Sable, dans le voisinage de l'ancienne église du Sacré-Cœur (détruite par le feu en 1978), où furent baptisées leurs deux premières filles, Louise et Marthe.

Cependant, Hyacinthe « le Zou » Guèvremont s'ennuyait de Sorel, le coin de pays où il avait vu le jour en 1892. Il était en effet le fils du notaire Alfred Guèvremont (1855-1935) et d'Olive Beauchemin (1861-1950), fille de Moïse-Didace Beauchemin, nom dont Germaine Guèvremont allait se souvenir en créant le personnage du père Didace. Propriétaire de l'île aux Fantômes, au Chenal du Moine, Alfred avait su transmettre à ses enfants sa passion pour la pêche et la chasse. Avec son frère cadet Georges (1897-1963), pharmacien, Hyacinthe ouvrit une pharmacie à Sorel, au sud du parc Royal. Là, au 54 de la rue Charlotte, naîtront Jean, Lucile et Marcelle, les trois derniers enfants d'Hyacinthe et de Germaine Guèvremont.

On imagine aisément le mal que cette dernière eut à se faire à la plaine et aux îles de Sorel, elle qui avait passé son enfance et sa jeunesse au pied des Laurentides. Un événement douloureux l'amena à reprendre la plume. Le 4 mars 1926, la maladie emportait la petite Lucile : elle n'avait pas quatre ans. Germaine Guèvremont en fut profondément affligée, mais elle réussit à surmonter sa douleur grâce au travail que lui imposèrent ses fonctions de correspondante de la *Gazette*, poste qu'elle accepta sur le conseil de son beau-frère Bill Nyson. La même année, elle devenait journaliste au *Courrier de Sorel*. Elle y prit goût, si bien qu'elle devint rédactrice de ce même hebdomadaire en 1928, tâche qu'elle devait assumer durant huit ans, jusqu'à la fin de son séjour sorelois. Ce dur labeur fut le meilleur remède aussi bien à son ennui qu'à l'état de dépression qui avait accompagné son deuil ; il lui permit en outre de découvrir les charmes de Sorel et du Chenal du Moine, source de son œuvre future.

Son frère Georges ayant quitté Sorel pour s'établir à Montréal en 1934, Hyacinthe résolut d'en faire autant. Et c'est ainsi qu'en 1935 la famille Guèvremont se fixa dans la métropole, aux abords du parc Lafontaine, à proximité de la bibliothèque municipale, que Germaine Guèvremont allait fréquenter assidûment. Elle put croire un temps que le départ de Sorel mettait fin à sa carrière de journaliste. Mais la situation n'étant guère plus brillante à Montréal qu'ailleurs dans un monde plongé dans la grande crise économique des années trente, elle dut travailler comme sténographe et secrétaire aux assises criminelles, renouant avec le métier qu'elle avait exercé vingt-cinq ans plus tôt, à Sainte-Scholastique.

Germaine Guèvremont a raconté en détail, dans la revue *Paysana* (mars 1941), la genèse de sa carrière littéraire. À la suite de la mise au chômage de son mari, évaluateur municipal, elle chercha par tous les moyens à sa disposition à gagner un peu d'argent pour faire vivre sa famille. C'est ainsi qu'elle travailla, avec son cousin Claude-Henri Grignon, à l'adaptation radiophonique du *Déserteur*, première série des *Belles histoires des Pays d'en haut*, diffusée trois fois par semaine, à la radio de Radio-Canada, du 30 septembre 1938 au 29 avril 1939. Cette collaboration lui permit, un jour qu'elle se trouvait chez son cousin à Sainte-Adèle, de faire la connaissance de Françoise Gaudet-Smet (1902-1986) ; les deux femmes devinrent dès lors d'inséparables amies.

Attachée durant trois ans à la rédaction féminine et domestique du *Journal d'agriculture*, Françoise Gaudet-Smet se trouva brusquement coupée de ses lectrices, qu'elle avait si bien servies, quand le magazine ferma ses portes, en septembre 1936. Elle songea alors à créer sa propre revue : ce fut *Paysana*.

Fondé dans le dessein avoué de valoriser le mode de vie rural traditionnel, *Paysana*, qui fut extraordinairement populaire avant, pendant et même après la Seconde Guerre mondiale, se définit comme une « revue mensuelle d'arts ménagers et d'éducation familiale rurale ». Le moment était propice.

Après une longue période de prospérité, au cours de laquelle Montréal n'avait cessé d'absorber une main-d'œuvre venue de tous les horizons, la crise du début des années trente avait frappé de plein fouet le commerce et l'industrie, engendrant chômage et misère. On avait alors assisté, au Québec, comme du reste un peu partout en Occident, à un retour aux valeurs du passé, dépouillées toutefois de leurs vieux oripeaux, incompatibles avec l'esthétique moderne. Ainsi s'expliquent l'essor de la Guilde canadienne des métiers d'art et de l'École des arts domestiques, de même que la création de l'École du meuble, destinée à stimuler le patrimoine artisanal et à développer le marché des produits nationaux. (Signalons au passage que Paul Smet, époux de Françoise Gaudet-Smet, y fut chargé de cours d'ébénisterie.) Encouragée d'abord par Louis-Athanase David (1882-1953), alors secrétaire de la province de Québec dans le cabinet libéral de Louis-Alexandre Taschereau, la renaissance des arts rustiques prit de l'ampleur à partir de 1936. Dans la mesure même où elle visait à freiner l'exode de la jeunesse rurale vers les villes, et en particulier vers la métropole, la fabrication artisanale, comme du reste le développement de l'agriculture, correspondait parfaitement à l'idéologie conservatrice du gouvernement de Maurice Duplessis (1936-1939 et 1944-1959).

À sa manière, *Paysana* conforte cette idéologie. Françoise Gaudet-Smet s'y donnait en effet pour mission la revalorisation de l'agriculture et de l'artisanat. Pour aider les fermières du Québec à « conserver les traditions, tout en les adaptant à la vie moderne[3] », l'équipe de rédactrices et de collaboratrices dont elle s'est entourée multiplie recettes, canevas, patrons et conseils pratiques en tout genre touchant l'éducation des enfants, la mode, la consommation, etc. Quant aux poèmes, contes, nouvelles et autres textes littéraires qu'accueille généreusement la revue, leur rôle premier est de glorifier le passé, tout en idéalisant la vie à la campagne, havre de paix et d'harmonie.

Véritable tourbillon, Françoise Gaudet-Smet ne pouvait pas rester en place. Elle vibrionnait. Mais elle avait le don de s'entourer de fidèles dont le dévouement était sans faille. Ce fut le cas de Germaine Guèvremont. Aussi timide et réservée que l'autre était loquace et extravertie, Germaine Guèvremont découvrit providentiellement en Françoise Gaudet-Smet la « sourcière » qui lui fournit l'occasion de manifester ses talents de conteuse, puis de romancière. En contrepartie, elle accepta de renouer avec son travail de journaliste. Tout en étant le bras droit de la directrice, qu'elle remplaçait volontiers en son absence, elle multiplia articles, reportages et entrevues.

Les quelques dollars que la directrice pouvait verser à son amie et collaboratrice étant bien insuffisants, Germaine Guèvremont avait dû se résigner à frapper à d'autres portes pour assurer le supplément nécessaire. En 1938, elle eut le courage de téléphoner à son vieil ami Victor Barbeau, qu'elle avait perdu de vue depuis son mariage. Il lui offrit de succéder à Gérard Dagenais (1913-1981) au poste de chef du secrétariat de la Société des écrivains canadiens, qu'il avait fondée l'année précédente. Ces fonctions, Germaine Guèvremont les occupera jusqu'en 1948, sous les présidences successives de Victor Barbeau (1937-1944), de Mgr Olivier Maurault (1944-1946) et de Jean Bruchési (1946-1955). À ce titre, elle eut le privilège de côtoyer les gens de lettres et d'assister aux réceptions offertes aux écrivains français de passage à Montréal : Céline, André Siegfried, Maurice Genevoix, Étienne Gilson, Marie Lefranc, Vercors, Jacques de Lacretelle, etc. De plus, comme elle parlait anglais, elle était déléguée aux assises annuelles de la Canadian Authors' Association.

Le pain quotidien ainsi assuré, Germaine Guèvremont put se livrer à la création littéraire. En 1939, elle s'essaie au théâtre en faisant monter, les 26 et 27 janvier, une comédie en un acte intitulée *Une grosse nouvelle*. La pièce n'eut pas plus de succès que la version remaniée que Radio-Canada devait en diffuser quinze ans plus tard, le 23 juin 1954, à l'émission *Théâtre d'été*. Il y manquait la nécessaire sympathie que le dramaturge doit éprouver pour ses personnages, du reste désincarnés et donc fort peu convaincants. Germaine Guèvremont allait mieux réussir dans le conte, et surtout dans le roman, en prenant cette fois pour cadre ce lieu mythique que devait devenir grâce à elle le Chenal du Moine. Après la parution d'*En pleine terre*, le 13 août 1942, elle écrivit successivement, comme dans une espèce de fièvre, ses deux chefs-d'œuvre : *le Survenant* et *Marie-Didace*.

Paru en avril 1945, quelques mois avant *Bonheur d'occasion* de Gabrielle Roy, *le Survenant* connut un succès immédiat. En octobre, Germaine Guèvremont obtint le prix Duvernay de la Société Saint-Jean-Baptiste de Montréal. L'automne suivant, elle partagea le prestigieux prix David avec Roger Lemelin (*Au pied de la pente douce*) et Félix Leclerc (*Allegro*). Ce même automne 1946 paraissait l'édition française du *Survenant*, chez Plon, à Paris. Germaine Guèvremont reçut le prix Sully-Olivier de Serres pour l'année 1947 ; c'était la première fois que ce prix, fondé par le ministère français de l'Agriculture en 1942, venait à échoir à une femme et la première fois qu'il était décerné à un écrivain étranger. Ce fut la consécration.

Quant à *Marie-Didace*, publié en 1947, il valut à Germaine Guèvremont la médaille de l'Académie canadienne-française. Le 6 décembre 1948, elle fut élue membre de cette même académie ; elle y fut solennellement reçue le 23 avril 1949, en même temps que le journaliste et critique Roger Duhamel (1916-1985). Cette même année, elle accédait au conseil de la Société des écrivains canadiens, après avoir été chef du secrétariat de la même Société pendant dix ans. De plus, *Marie-Didace* était à son tour édité chez

Plon, avec, en guise d'introduction, un résumé du *Survenant*, pour mieux situer l'œuvre.

En février 1950 paraissaient simultanément, à Londres, New York et Toronto, les traductions anglaise (*The Monk's Reach*) et américaine (*The Outlander*) du *Survenant* et de *Marie-Didace*, en un seul volume. Les deux traductions, conçues pour des publics différents, étaient dues à Eric Sutton, qui mourut trop tôt pour voir le résultat de son œuvre. *The Outlander* fut extrêmement bien reçu, tant aux États-Unis qu'au Canada anglais, ce que confirment les nombreux comptes rendus enthousiastes auxquels il donna lieu et, surtout, le fait que cette traduction valut à Germaine Guèvremont le prix du Gouverneur général, « *for the finest work of Fiction in the year 1950* ».

À l'occasion du troisième Congrès de la langue française, en juin 1952, l'Université Laval remit des doctorats honorifiques à une trentaine de personnalités nationales et internationales. Parmi elles, on comptait Germaine Guèvremont, Ringuet et Maurice Duplessis.

Mais l'année 1952 marque surtout pour Germaine Guèvremont le début d'une longue et absorbante carrière de feuilletoniste, au cours de laquelle elle se consacre essentiellement à l'adaptation de son œuvre romanesque. Elle tire d'abord du *Survenant* et de *Marie-Didace* un radioroman, diffusé cinq fois par semaine durant trois ans (1952-1955), à raison de quinze minutes par jour, puis un téléroman (1954-1960) qui connaîtra un immense succès populaire et contribuera puissamment à élever le Survenant au rang d'un mythe.

Après l'Université Laval, ce fut au tour de l'Université d'Ottawa de rendre hommage à la célèbre romancière. Un doctorat honorifique lui fut décerné le 29 mai 1960, quelques semaines avant que son téléroman *le Survenant* ne prenne fin.

Cette œuvre, qui avait fait sa gloire et sa fortune, l'avait accaparée durant près de six ans, au point qu'elle n'avait pratiquement rien fait d'autre que de rédiger, semaine après semaine, dans son appartement montréalais de la rue Sherbrooke ou dans son chalet de l'îlette au Pé, au Chenal du Moine, la vingtaine de feuillets qu'exigeait chacune des émissions de son feuilleton télévisé. Elle s'était bien mise à la rédaction de la suite de *Marie-Didace*, ainsi qu'il ressort de trois lettres qu'elle adressa en 1948 et 1950 à son ami et mentor Alfred DesRochers, mais elle ne put mener cette œuvre à terme. La seule trace existante est ce chapitre qu'elle publia en 1959, dans les *Cahiers de l'Académie canadienne-française*, sous le titre « Le plomb dans l'aile ».

Élue à la Société royale du Canada à la fin de l'année 1961, elle y fut reçue le 14 avril 1962, en même temps que son cousin Claude-Henri Grignon.

Le 7 juillet 1964 mourait Hyacinthe Guèvremont. Il fut inhumé à Sorel, sa ville natale, près de ces îles du Chenal du Moine pour lesquelles il avait toute sa vie nourri une authentique ferveur, qu'il avait su faire partager à son épouse. Celle-ci ne lui survécut que quatre ans.

L'un des derniers gestes officiels que Germaine Guèvremont eut à poser fut de présenter l'écrivain italien Alberto Moravia (1907-1990), invité par l'Académie canadienne-française à prononcer une conférence au Ritz-Carlton, le 14 mai 1968.

Hospitalisée pour une intervention chirurgicale sans gravité, elle obtint un bref congé pour assister, le 20 juin, à une fête donnée en son honneur, à Tracy, ville jumelle de Sorel, par la Société artistique du Québec. Épuisée et amaigrie, elle mourut à l'Hôtel-Dieu deux mois plus tard, le mercredi 21 août 1968. Ses funérailles eurent lieu le samedi 24 août, à l'église Saint-Pierre de Sorel. Elle fut inhumée aux côtés de sa fille Lucile et de son mari Hyacinthe, près des îles qu'elle avait immortalisées.

*

* *

« Parfois on me demande où j'ai puisé ma vocation d'écrivain de la terre », avait un jour déclaré Germaine Guèvremont. « Qui dit vocation dit prédestination. Je n'irai pas si loin », avait ajouté la romancière, elle dont l'enfance et la jeunesse avaient baigné, avant cette cassure que fut la Grande Guerre, dans une atmosphère culturelle et artistique assez exceptionnelle. « Je dirai plutôt que mon sens paysan, je le tiens de l'exemple que m'a donné mon père, du respect qu'il m'a inculqué pour la terre[4]. » De sa mère, femme opulente, « plus attentive à caresser sa chevelure qu'à en relever les mèches folles, du revers de ses belles mains, vivantes, sensuelles » (« À l'eau douce »), Germaine Guèvremont n'a pour ainsi dire jamais éprouvé le besoin de parler. Il lui a suffi de la faire revivre sous les traits de la chaleureuse « Acayenne ». Elle voua en revanche toute sa vie un véritable culte pour son père, allant jusqu'à affirmer, dans son discours de réception à la Société royale : « Mon père fut l'arbre de ma vie littéraire ; je n'en suis que l'ombrage. »

Sans jamais s'engager ni à droite ni à gauche, lui qui, au gré des circonstances, collabora aussi bien au *Nord* conservateur qu'au libéral *Avenir du Nord*, Joseph-Jérôme Grignon ne s'en était pas moins fait le chantre de l'idéologie agriculturiste qu'avait si parfaitement incarnée le curé Labelle, sous-ministre de l'Agriculture et de la Colonisation dans le gouvernement Mercier (1887-1891). Attaché, plus par souci du confort que par conviction véritable, aux valeurs du passé, le père de Germaine Guèvremont avait exalté, dans son œuvre, l'héroïsme des ancêtres, non pas toutefois sur le mode épique, mais avec l'entrain et la bonne humeur propres au conteur populaire. On lui doit un pamphlet en alexandrins inspiré de Boileau et intitulé *Un lutrin canadien*, de nombreuses chansons et un recueil de souvenirs, *le Vieux Temps*. Il s'accroche, imperturbable, au « vieux temps », qu'il cherche à faire revivre en privilégiant bons mots et anecdotes amusantes, qu'il juxtapose au gré de son inspiration, sans véritable souci de composition ou de cohérence narrative. En cela, Joseph-Jérôme Grignon ne diffère guère de son frère, « Vieux Doc », auteur de mémoires amusants et de « souvenirs joyeux », et il ouvre la voie à sa fille Germaine Guèvremont.

Cette dernière non plus ne s'intéressa jamais à la politique, complètement absorbée qu'elle fut par la littérature. Toute sa vie elle vécut dans son monde imaginaire et dans les souvenirs d'un passé embelli par la mémoire. Quand on l'interrogeait, dans les années soixante, sur le mouvement séparatiste, elle répondait que l'aspiration des Québécois à l'indépendance n'était qu'un beau rêve. Cette attitude de repli sur soi et de retrait par rapport au monde extérieur, Germaine Guèvremont la devait peut-être plus à son milieu qu'à son naturel craintif. Ni l'éducation qu'elle avait reçue dans divers pensionnats, auprès des religieuses, ni l'exemple que lui avaient donné une mère artiste et un père passif ne pouvaient faire d'elle une femme d'action ou un écrivain engagé.

Dans ses souvenirs d'enfance, qu'elle s'était efforcée de rédiger à la fin de sa vie, elle décrit l'enfant à la fois volontaire et sensible qu'elle avait été. Un rien la chagrinait, mais, par fierté, elle refoulait ses larmes. À cet égard, la petite Marie-Didace lui ressemble par plus d'un trait, comme l'Acayenne rappelle Valentine Labelle. Habile à créer des personnages romanesques, Germaine Guèvremont était demeurée incapable de se raconter. Son dernier effort pour « livrer le secret de [sa] pauvre petite enfance sauvage, inquiète, mais en somme heureuse », avait avorté. Elle n'en avait publié que deux fragments : « À l'eau douce » (*Châtelaine*, avril 1967) et « Le premier miel » (*le Devoir*, 31 octobre 1967). La tâche était au-dessus de ses forces, ainsi qu'en témoigne Gabrielle Roy, qui fit partie du cercle de ses intimes :

> ⌒ Affaiblie de santé, usée, à vrai dire, et de plus en plus inquiète aussi de ne jamais faire assez bien, elle peinait sans fin pour s'arracher quelques pages encore du récit de son enfance qu'elle aurait tellement aimé terminer avant de s'en aller. Du reste, écrire, je pense bien, ne lui fut jamais facile[5].
> ⌒

N'avait-elle pas, cependant, tout révélé d'elle-même dans son œuvre ? Marie-Didace, Phonsine, Angélina, Marie-Amanda, tous ces personnages — et le Survenant lui-même —, que sont-ils sinon des facettes de leur auteur ?

Notes

1. Ce drame pathétique a donné lieu à diverses complaintes populaires, contemporaines des événements. Pauline Cadieux en reproduit les paroles à la fin de son beau livre intitulé *Cordélia ou la Lampe dans la fenêtre* (Montréal, Éd. Libre Expression, 1979 [1re éd., 1976]), dont Jean Beaudin a tiré un film, *Cordélia*, produit par l'Office national du film.

2. Rita Leclerc, *Germaine Guèvremont*, Montréal, Fides, 1963, p. 18.

3. Anne Meilleur, « *Paysana* (1938-1949), son origine, son évolution et son influence sur la culture québécoise », mémoire de maîtrise ès arts, Département d'études françaises, Université de Montréal, octobre 1983, f. iv.

4. *Le Devoir*, 10 mars 1956, p. 7.

5. Gabrielle Roy, « Germaine Guèvremont, 1900 [*sic*]-1968 », *Mémoires de la Société royale du Canada*, 4e série, vol. 7, 1969, p. 77.

CHAPITRE 2

~

« LA PREMIÈRE MUSIQUE
DE LA TERRE »

Germaine Guèvremont fut toujours tentée par l'autobiographie. La suite de ses mémoires, qu'elle promettait à Fides encore quelques mois avant sa mort, était demeurée à l'état de projet. Elle n'en était pourtant pas à son coup d'essai.

Un quart de siècle plus tôt, bien avant même d'avoir publié *le Survenant* et *Marie-Didace*, elle avait essayé de faire revivre son enfance, dans « Le tour du village », série de quatre articles publiés dans la revue *Paysana*, en 1941 et 1943. Elle y évoque ses voyages à Saint-Jérôme, « où vivaient tous [ses] grands-parents » (Joseph Labelle et Dorimène Latour, du côté maternel ; Médard Grignon et Henriette Lalande, du côté paternel), ainsi que ses arrière-grands-parents Latour. Dans le troisième article, Germaine Guèvremont se remémore les repas plantureux et les agréables soirées d'hiver qui réunissaient la parenté, à Sainte-Scholastique. Elle raconte aussi l'excitation qui s'emparait du « village », chaque année, en janvier, au moment où s'ouvraient les assises criminelles au palais de justice. Cela permit à Germaine et à sa sœur de connaître la Cour et la prison de l'intérieur, pour ainsi dire, le geôlier ne pouvant rien refuser aux filles du protonotaire Joseph-Jérôme Grignon, chargé de l'enregistrement des actes. Quand les cousins de Joliette, de Saint-Jérôme ou de Sainte-Agathe venaient en visite à Sainte-Scholastique, Germaine et Jeanne leur faisaient faire le « tour du village » :

⌒ La première station se faisait au palais de justice où nous avions nos coudées franches. [...] Dans la salle d'audience, sous l'écusson « Dieu et le Roi » et le lion britannique, ma sœur s'asseyait sur le banc du juge et nous singions un procès, avec un accusé, des avocats, des arguments, des éclats de voix, etc. Mais nos cousins, étrangers à nos jeux, n'y prenaient pas grand plaisir.

— Allons voir les prisonniers ! disait l'une.

Le tourne-clefs se prêtait d'assez bonne grâce à notre requête.

— As-tu peur ? demandions-nous à nos cousins, en guettant leur émoi, tandis que nous gravissions l'escalier en spirale et qu'une odeur de moiteur et de chaux nous saisissait à la gorge. Où étaient les criminels dont nous avions brossé une peinture sinistre, assassins, démons noirs et barbus, voleurs de grand chemin, géants enchaînés, pieds et poings liés ? Hélas, les cachots étaient vides. L'unique prisonnier, petit homme maigre et fade, était aux champs avec le geôlier. À travers les barreaux de la fenêtre on le voyait travailler au soleil et il n'avait rien d'épeurant. ⌒

Le quatrième volet du « Tour du village » trace le portrait à la fois drôle et touchant de Marie, la servante revêche des Grignon, à laquelle le personnage d'Angélina Desmarais devait plus tard emprunter plus d'un trait.

Tout en faisant provision de rêves, la petite Germaine, affectueusement surnommée Manouche, enregistre, au fil des saisons, les sensations et impressions qui forment comme les assises secrètes de son œuvre future. Nourries de réminiscences, certaines pages des romans de Germaine Guèvremont paraissent en effet plonger leurs racines dans les expériences toutes neuves et les frémissantes émotions de sa petite enfance. « Donnez-moi les six premières années d'un [être humain] et je n'ai que faire du reste pour vous dire ce qu'il est », écrivait-elle dans la deuxième tranche du « Tour du village ». Et elle ajoutait : « On m'a dit que j'étais une enfant silencieuse et sensible. En admettant qu'un savant se souciât de mon passé, quelle conclusion tirerait-il de ces traits fort ordinaires ? » Sans doute plus qu'elle ne l'imaginait en 1941, le lecteur d'aujourd'hui ayant à sa disposition un diptyque romanesque dont pas une seule page n'avait encore été écrite à cette époque, et qui transmue en œuvre d'art les métaux vils de la banale et monotone vie quotidienne.

Par ailleurs, plusieurs des textes que Germaine Guèvremont publia tout au long de sa vie, à commencer par ses premiers articles, peuvent être qualifiés de semi-autobiographiques.

Jeune fille, Germaine Grignon collabore occasionnellement à la chronique « Le royaume des femmes » de *la Patrie*, et plus régulièrement à la chronique « Le monde féminin » de *l'Étudiant*, où elle signe dix billets, sous le pseudonyme sentimental « Janrhêve », entre le 6 février et le 4 décembre 1914. Elle a vingt et un ans, un cœur de midinette et une vive propension à la confidence et à la mélancolie. Elle se dépeint volontiers sous les traits d'une « humble paysanne » ou d'une « simple petite fille des champs », triste et esseulée, cherchant « un peu de chaleur au grand soleil de l'amitié ». Elle s'y plaint de l'égoïsme des garçons, déplore les « amitiés défuntes », dénonce les mensonges et les abandons, espérant toujours, une fois la tentation du suicide passée, l'apparition de quelque Prince charmant, susceptible de réveiller la « Belle-au-Bois-Dormant », de chasser le « bleu » et de meubler sa solitude.

Le premier article publié dans *l'Étudiant* s'intitule « Trouvé : un journal ». « Janrhêve » y raconte comment une petite « Cendrillon » est transportée en rêve à l'opéra, où elle assiste, dans l'extase, à côté d'un charmant garçon, à une représentation d'*Hérodiade* :

～ Le rideau se lève, les lumières s'éteignent. Les dames frissonnent toutes un peu, je pense. Moi, je rêve de me pelotonner près d'un grand cœur d'ami qui me donnerait chaud au bras. D'être si profane, je rougis beaucoup, puis j'écoute. C'est la « Vision fugitive », c'est le prophète qui va venir, « celui dont la parole efface toute peine ». Et petit à petit, je deviens grise, totalement grise de chants et de choses douces. Il me semble que tout le sang des veines va affluer au cœur pour me faire vibrer. ∽

Salomé, amoureuse de Jean-Baptiste, dont elle exalte les vertus au premier acte, va jusqu'au meurtre pour assouvir sa passion. Elle dansera même pour son beau-père Hérode afin d'obtenir sur un plateau la tête de celui qu'elle aime. Pour « Cendrillon », toutefois, Jean-Baptiste n'est que l'émanation de ses désirs : « Et l'on rêve du prophète qui va venir nous montrer où est le droit chemin et nous enseigner la bonne nouvelle. "Prophète bien-aimé, s'écrie-t-elle, que tu sois pâtre ou roi, je t'attends". »

Ce thème de l'attente du Prince charmant, inlassablement repris, se double, début avril 1914, du motif du père aimant et consolateur. Faisant écho aux rapports qu'entretenait Hérode avec sa belle-fille Salomé, les jeux auxquels se livrent candidement le vieux père et sa fille prennent ici une dimension nettement érotique, que seule la très grande différence d'âge — sur laquelle le narrateur ne cesse d'insister — réussit tant bien que mal à camoufler :

> ∽ Il y avait une fois — il n'y a pas bien longtemps de cela — une gamine que vingt printemps n'avaient guère assagie ; le temps avait bruni les boucles blondes, c'est vrai ! et les yeux, s'ils miraient le ciel, c'était plutôt le paradis de Mahomet, mais le cœur était resté le même qu'aux jours de l'enfance : plein de candeur naïve.

> C'était Pâques. Tout câlinement, elle prit la main du père, un vieillard presque, et le mena loin, très loin, vers les champs qui fleuraient doux et qu'ils appelaient « la terre ».

> Elle se fit gentille, installa ce vieux bonhomme au soleil et en riant lui pointa du doigt les montagnes que ses yeux

affaiblis par l'âge ne distinguaient déjà plus, mais dans les noms, son cœur écoutait parler tout un passé de rêve : « Là-bas, vois-tu, "vieux", c'est La Côte, puis là, c'est la Grande Fresnière. » En disant cela, elle déposait des baisers sonores dans le creux des vieilles mains. Puis l'âme mise en joie par cet air de printemps et d'un geste fou de toute petite elle dit : « Père, faisons "butterfly" ! » Pour cela, elle lui glissait les mains jusqu'à ses yeux à elle et battait des cils vite, vite, vite dans les doigts du vieux qui riait. Leurs rires confondus sonnaient bien un peu le carillon d'une vieille cloche fêlée mêlée au son d'argent d'une clochette toute neuve, mais c'était bon à entendre [...].

Soudain, les petits papillons bleus qui battaient de l'aile se firent plus calmes : deux grosses larmes roulèrent dans les rides de la main. Et plus de l'âme que des lèvres, elle dit : « Aime-moi, père, j'ai tant de chagrin. » Brin par brin, dans les pleurs, la confidence glissa jusqu'au cœur du vieux, revenu de tant de choses.

D'une voix qui semblait descendre d'au-delà de la vie et qui coulait très douce, il dit : « Écoute, petite, et crois-moi. Ce n'est pas une blessure cela. C'est le mal d'avoir mordu à la vie trop vite et d'avoir cru que le soleil qui brille bien fort est celui qui dure tout le jour. C'est le mal d'une illusion tombée... Mais ne pleure pas et garde tout entier ce pauvre cœur de petite fille à moi [...]. » ∼

Face au chagrin, à l'ennui, au spleen, il est deux attitudes possibles : s'y abandonner, comme dans le texte que l'on vient de lire, ou tenter de les désamorcer par le rire. « Janrhêve » opte le plus souvent pour cette seconde solution, ainsi qu'en témoigne son premier article, paru en octobre 1913, dans le « Coin des étudiants » du journal *le Canada*. Marchant sur les traces de son père et de son oncle, « Vieux Doc », elle y dénonce, dans un sermon humoristique, le snobisme des étudiants, trop prompts, une fois installés dans la grande ville, à faire oublier leurs origines campagnardes.

C'est encore à l'humour que recourt volontiers Germaine Grignon, devenue Guèvremont par son mariage, quand elle reprend la plume dans les années trente. Ainsi, dans « Le rêve d'un chef », elle se moque gentiment d'un « bon gros vieux » policier, plus naïf que ridicule, qui, quoique seul agent de « Troudeville », ne s'en fait pas moins appeler « chef ». On retrouve « Troudeville » et le ton humoristique dans la seule comédie que Germaine Guèvremont ait jamais écrite et qui fut jouée à Montréal, en janvier 1939. La pièce s'intitule *Une grosse nouvelle*. Il s'agit d'une satire du milieu journalistique, dénonçant la bêtise petite-bourgeoise de province et qui aurait été composée en réponse au défi que lui aurait lancé son cousin, Claude-Henri Grignon. Germaine Guèvremont retravailla sa pièce et la fit de nouveau jouer, quinze ans plus tard, à la télévision de Radio-Canada. Dans cette nouvelle version, « Troudeville », toponyme sans doute jugé de mauvais goût, avait été remplacé par « Bonneville ».

« Bonneville » est précisément le patronyme des logeurs de Caroline Lalande, l'héroïne de « Tu seras journaliste », feuilleton en dix-huit tranches que Germaine Guèvremont publia dans la revue *Paysana*, entre avril 1939 et octobre 1940. Ce long récit semi-autobiographique renoue avec la veine sombre de la plupart des courts articles que « Janrhêve » avait jadis fait paraître dans *l'Étudiant* et *la Patrie*. « Le garde », par exemple, racontait comment, désespérée à la suite du départ définitif de son amoureux, Mimi avait été tentée par le suicide, mais y avait vite renoncé. Caroline Lalande montre plus de détermination. Pour échapper à une solitude et à une misère morale devenues intolérables, elle ferme la fenêtre de sa chambre, dans la triste pension où elle a abouti à Montréal après avoir quitté son poste d'institutrice de campagne, ouvre le gaz, avale un somnifère et s'abandonne au sommeil. Mais la mort n'ayant pas voulu d'elle, elle se réveille à l'hôpital, ne recevant son congé quelques jours plus tard que pour se retrouver en Cour d'assises, accusée d'avoir attenté à sa vie. Acquittée, elle a la surprise de recevoir du juge Dulac une offre d'emploi comme journaliste, à l'Anse-à-Pécot, où son frère, Noé Dulac, est propriétaire de *La Voix des Érables*. En l'Anse-à-Pécot, « petite ville perdue dans la plaine et qui tire sa seule animation de la navigation, l'été », on reconnaît sans peine Sorel où Germaine Guèvremont fit ses débuts comme journaliste, en 1926.

Philippe, fils de Noé Dulac, dirige *La Voix des Érables*. Célibataire prétentieux et égoïste, il est jaloux de son autorité ; aussi Caroline ne tarde-t-elle pas à entrer en conflit avec lui. Confinée dans des tâches subalternes, elle perd peu à peu son enthousiasme et se prend à regretter son petit village de Notre-Dame-des-Neiges et son amoureux, Arcade Boisjoly, qu'elle se reproche maintenant d'avoir abandonné. Déçue, enfin, de l'accueil plus que tiède que le directeur d'un poste de radio montréalais lui réserve, elle qui lui avait soumis un projet d'émission, Caroline décide de rentrer à Notre-Dame-des-Neiges, après deux ans d'absence, et d'y épouser Arcade, qui n'a cessé de l'attendre. La véritable destinée d'une femme ne se résume-t-elle pas, après tout, à être « une véritable épouse, une bonne mère », toujours prête à aider « de sa vaillance et de son amour l'homme qui l'a choisie entre toutes comme la meilleure » ?

Ainsi la morale est sauve. Après avoir été tentée par le « mirage de la ville » et par le désir de connaître la notoriété que confère le journalisme, Caroline Lalande réintègre le foyer, répondant elle-même, d'une certaine façon, à l'appel qu'elle lançait à la jeunesse paysanne, l'enjoignant, dans son premier éditorial, « à ne pas déserter la campagne ». Ce faisant, Germaine Guèvremont épousait l'idéologie de *Paysana*. On pouvait donc lui pardonner l'audacieuse tentative de suicide par laquelle s'ouvrait son roman. La fin édifiante rachetait le scandale du début du feuilleton, ainsi que la directrice de la revue avait pris soin de le souligner dans sa préface :

~ La littérature et le journalisme attirent bien des femmes qui croient que c'est là tâche facile parce que apparemment glorieuse. Des centaines de personnes ont réclamé « un roman » dans PAYSANA. En voici un sous la plume de Germaine Guèvremont, notre collaboratrice si appréciée et si aimée. Ce n'est pas un banal roman à l'eau de rose. C'est une étude de la vie réelle où lutte et se débat une femme qui a déserté la campagne, une femme aux prises avec la vie et les mille tentations qui encombrent les chemins.

Avant de livrer ces pages aux lectrices de PAYSANA, je les ai lues du commencement à la fin et je me suis sentie meilleure et édifiée après en avoir fini toute la lecture. C'est le secret pour juger un livre. Il faut savoir s'il peut rendre quelqu'un meilleur...

La première tranche paraît aujourd'hui. Il est strictement défendu aux personnes qui n'ont jamais péché de la lire. Elles ne sauraient que jeter des pierres... (*Paysana*, avril 1939, p. 12). ~

En accordant l'« imprimatur » au roman de sa collaboratrice, Françoise Gaudet-Smet prévenait les objections des censeurs. On peut être sûr que, sans cette habile précaution, ces derniers n'auraient pas tardé à se manifester. L'Index n'était pas un vain mot à cette époque.

Le dénouement assez invraisemblable que Germaine Guèvremont impose à son récit, dans le dessein évident de se conformer aux idées et aux usages du temps, n'explique cependant pas seul l'oubli dans lequel cette œuvre est immédiatement tombée.

Longue nouvelle ou court roman, on ne sait trop comment qualifier « Tu seras journaliste ». Le sujet se révèle de toute façon beaucoup trop mince pour supporter, sans susciter l'ennui du lecteur le plus indulgent, pareille amplification. Dix-huit tranches de deux ou trois pages chacune, imprimées de surcroît sur trois colonnes serrées, voilà qui est beaucoup trop long pour un feuilleton où il ne se passe à peu près rien. Les personnages, peu nombreux, souffrent d'être peu définis ou falots. Quant aux protagonistes, ils n'éveillent même pas la sympathie. Philippe Dulac est un bourgeois compliqué, artificiel et vaniteux qui se transforme, à la fin du récit, en patron odieux. L'héroïne, Caroline Lalande, ne s'aime pas. Ses légitimes aspirations se heurtent immanquablement aux obstacles que le destin s'amuse à semer sur sa route. L'enthousiasme du matin s'estompe au fil des heures pour se transformer le soir en désenchantement. Atteinte d'un complexe d'infériorité et d'un manque de confiance en soi, Caroline ne peut tirer aucun parti des qualités réelles qui sont les siennes. Pour un succès, dix échecs! La vie monotone qu'elle mène à l'Anse-à-Pécot ne contribue pas peu à la rendre amère et à faire d'elle une femme aigrie. Enfin, comme elle se juge avec sévérité, il est difficile pour le lecteur de s'attacher à elle. Le récit, long et ennuyeux, contient bien quelques belles pages ; mais il y manque — et cette absence se fait cruellement sentir — ces dialogues savoureux qui feront le charme du *Survenant* et de *Marie-Didace*, ou même d'*En pleine terre*.

« Tu seras journaliste » souffre de n'être ni franchement romanesque ni franchement autobiographique. Tout en cachant sa véritable identité sous les traits de Caroline Lalande — qui s'apparente ainsi à une simple marionnette destinée à donner le change —, Germaine Guèvremont s'inspirait en effet de très près, en écrivant cette œuvre, de l'expérience qu'elle avait connue comme journaliste au *Courrier de Sorel* et comme correspondante de la *Gazette* de Montréal, entre 1926 et 1935. Il n'est, pour s'en convaincre, que de relire le texte de la conférence qu'elle donna à Sorel, le 21 septembre 1943, devant la Chambre de commerce des Jeunes et qui fut publiée deux mois plus tard, dans *Paysana*, sous le titre « La découverte de Sorel en 1926 ». On y retrouve, à peine transposés, le récit de son entrée dans le monde du journalisme et les moments forts de sa carrière : l'incendie de la chapelle de l'église

Notre-Dame, la découverte des corps de deux enfants dans les ruines fumantes du logis familial, l'évasion de prisonniers, l'histoire tragique de l'Amérindien qui avait entrepris la traversée de l'Atlantique en canot et qui périt noyé quelques semaines après avoir fait une halte à Sorel. Par ailleurs, on a peine à imaginer que Philippe Dulac ressemble à son modèle, Jean Lafrenière, directeur du *Courrier de Sorel*, que Germaine Guèvremont nomme dans sa conférence, sans rien nous révéler de son caractère. « Il m'est arrivé, dans mes moments de découragement, conclut-elle avec une pointe d'amertume, de comparer les sans-grades du journalisme comme moi à ces pêcheuses de perles qui travaillent toute leur vie à assortir des joyaux pour des parures qu'elles ne porteront jamais. »

Comment transmuer en œuvre d'art une expérience que l'on est incapable, faute de confiance en soi, de juger réellement digne d'intérêt ?

Germaine Guèvremont, née conteuse, a besoin de recul. L'autobiographie semble la paralyser : peut-être parce qu'elle ne sait pas s'estimer, ses autoportraits ne sont jamais flatteurs. Pour réussir, semble-t-il, il lui faut créer des personnages imaginaires et les situer dans une époque plus ancienne, mythique, comme celle de sa propre jeunesse, que le souvenir embellit.

Saint-Jérôme et Sainte-Scholastique lui collent trop à la peau pour pouvoir alimenter son inspiration. Il lui faut plus de détachement. Le Chenal du Moine et les îles du lac Saint-Pierre, qui lui étaient parfaitement étrangers quand elle vint s'installer à Sorel pour y suivre son mari, en 1920, constituent le cadre idéal, d'autant plus qu'elle a appris à les apprécier et à les aimer pour leur stabilité et pour le sentiment de sécurité que l'on y éprouve. Peu à peu, Germaine Guèvremont investit ces îles, à la fois refuge et matrice, où l'eau, l'air et la terre paraissent vivre dans la plus parfaite harmonie. Une dimension affective les associe à l'image sublimée de parents tout-puissants et protecteurs auxquels se réfèrent les nostalgies les plus enfouies. Elle y trouve spontanément les éléments qui lui permettent non seulement d'exprimer ses hantises, mais aussi de donner forme à ses aspirations les plus profondes et d'affirmer sa propre manière de vouloir le monde.

C'est dans le terreau de ce cadre idéal, dynamisé par la terre et l'eau, que devaient germer *En pleine terre, le Survenant* et *Marie-Didace*. Certes, il s'agit là d'œuvres de fiction, mais qui ne s'en donnent pas moins à lire, sous forme symbolique, comme autant de prolongements possibles de l'autobiographie. Le personnage du Survenant, substitut inconscient du père, constitue à cet égard un exemple parfait de sublimation, ainsi qu'on s'attachera à le montrer dans la seconde partie, puis dans la conclusion.

Germaine Guèvremont, qui ne se livre jamais si bien que par le moyen de la fiction, prit-elle jamais conscience de ce qu'elle n'était pas douée pour le récit semi-autobiographique ? Il est permis d'en douter, quand on sait qu'elle s'est efforcée, des années durant — ainsi que nous le révèle sa correspondance —, de donner une suite à *Marie-Didace*, pour n'enfanter finalement qu'un avorton, « Le plomb dans l'aile ». Cet unique chapitre d'un roman semi-autobiographique, qui ne vit jamais le jour, reprend en effet une fois encore le schéma, que l'on connaît bien maintenant, de la jeune campagnarde tentée par la ville, mais qui n'y trouve que déception. Cette fois, l'héroïne s'appelle Marie-Didace. Nous sommes en 1931, en pleine dépression, et le travail est rare. La jeune fille n'en quitte pas moins le Chenal du Moine, abandonnant Angélina, sa « mère adoptive », pour aller s'employer à Sorel. Le notaire Descheneaux ne pouvant la prendre à son service lui conseille de s'engager comme journaliste. Le récit, qui tourne court, s'arrête au moment où Marie-Didace gravit les marches du *Journal de Sorel*. Que pouvait ajouter d'autre Germaine Guèvremont, qu'elle n'avait déjà vécu elle-même comme journaliste au *Courrier de Sorel* et raconté dans « Tu seras journaliste » ? Marie-Didace rejoignait Caroline Lalande et... Germaine Guèvremont, qui ne pouvait dès lors que se répéter en revenant une fois encore sur son passé.

Cette tentation du passé la poursuivit jusqu'à la fin. Quelques semaines avant sa mort, bien que déjà très affaiblie par la maladie, elle acceptait de quitter temporairement l'hôpital pour assister, dans la région de Sorel, à une réception organisée en son honneur. À cette occasion, elle accorda une entrevue dans laquelle elle déclarait : « J'aimerais bien écrire mes souvenirs de journaliste. Ce serait très piquant [...]. Ce métier [...] m'a appris la discipline et la précision[1]. »

Note

1. Denis Tremblay, « Des arts et des hommes. Germaine Guèvremont rédige ses mémoires d'enfance », *Montréal-Matin*, 25 juin 1968, p. 4.

~

CHAPITRE 3

PROFESSION : JOURNALISTE

Commencée à Sorel, en 1926, la longue carrière de journaliste et de chroniqueuse que mena Germaine Guèvremont se déroula parallèlement à son œuvre de conteuse et de romancière. Reportages, interviews, réflexions personnelles, comptes rendus et actualités diverses l'attachent au journalisme durant des périodes plus ou moins longues et intenses, s'étendant sur quatre décennies.

Rien, apparemment, n'a été conservé des articles et chroniques du *Courrier de Sorel*, hebdomadaire disparu en 1962 et dont on ne trouve plus aujourd'hui que quelques rares numéros. Il nous reste en revanche des collections complètes des autres journaux et revues auxquels collabora Germaine Guèvremont : intensément à *Paysana*, à *l'Œil* et au *Nouveau journal* ; sporadiquement à *Culture*, à *la Revue populaire*, à *la Revue canadienne*, etc.

Le premier numéro de *Paysana* parut en mars 1938. Il contenait un texte de Germaine Guèvremont, au titre prémonitoire : « Les survenants ». Outre la plupart des contes qui devaient former le recueil *En pleine terre*, le feuilleton semi-autobiographique « Tu seras journaliste » et la chronique mensuelle « Pays-Jasettes » qu'elle signait conjointement avec Françoise Gaudet-Smet, Germaine Guèvremont publia une trentaine d'articles et d'interviews dans *Paysana*, surtout entre mars 1938 et avril 1944, après quoi sa collaboration se relâcha, sollicitée qu'elle fut par d'autres tâches.

Les campagnes ont beau se vider au profit des villes et les suffragettes manifester (les Québécoises n'ayant obtenu le droit de vote qu'en 1940), Germaine Guèvremont n'en épouse pas moins — sans doute plus par loyauté que par conviction — l'idéologie de *Paysana*. Les textes qu'elle y publie sont pour l'essentiel des « paysanneries », des articles magnifiant le travail de la terre et des entrevues propres à célébrer l'artisanat, la conservation du patrimoine, l'attachement aux valeurs du passé, avec des femmes, souvent âgées, parfois jeunes, mais qui se défendent toutes d'être « féministes ». « Tu seras journaliste », on l'a vu, n'échappe pas à cette règle : Caroline Lalande, l'héroïne, n'a « trahi la terre » que pour connaître l'échec et l'humiliation que réserve la ville. Mais il est déjà remarquable que le rôle principal soit ici dévolu à une femme, au caractère bien trempé de surcroît.

Dans ses chroniques et reportages de *Paysana*, comme dans ceux qu'elle devait aussi donner dans le mensuel *l'Œil* (1940-1942), puis dans *le Nouveau journal* (1961-1962), Germaine Guèvremont s'efforce, un peu à la manière de Maupassant, qu'elle admirait, de peindre les hommes et les femmes et de restituer les événements du temps, tantôt avec la sensibilité qui caractérisait déjà les « billets » qu'elle avait signés dans sa jeunesse, en 1914, sous le pseudonyme « Janrhêve », aussi bien dans *l'Étudiant* que dans *la Patrie*, tantôt avec la curiosité et la gaieté qu'elle avait héritées des Grignon. Ces chroniques, souvent vivantes et personnelles, toujours lucides, restent encore aujourd'hui à peu près inconnues. Si plusieurs ne dépassent guère le niveau d'une honnête besogne alimentaire, certaines ont contribué à nourrir la veine autobiographique que Germaine Guèvremont a toute sa vie tenté d'exploiter, mais sans jamais y parvenir, ainsi qu'on l'a vu.

Dans toutes les interviews qu'elle publie — une dizaine —, on sent d'entrée de jeu la sympathie que Germaine Guèvremont ressent pour son interlocutrice. En se glissant avec beaucoup de naturel dans l'intimité de l'autre, elle ne poursuit qu'un objectif : faire partager à ses lectrices l'admiration qu'elle éprouve pour le travail, le talent ou le courage de l'interviewée, qu'il s'agisse de la veuve d'un inspecteur d'écoles du temps du curé Labelle, de la femme d'un médecin de campagne, d'une couturière, d'une historienne, d'une fermière ou encore d'une artisane. Presque toutes ces femmes sont aujourd'hui tombées dans l'oubli. Ne survivent — et encore — que les noms de Marie-Claire Daveluy (1880-1968), historienne, romancière et bibliothécaire, et de « Madeleine » Huguenin (née Anne-Marie Gleason [1875-1943]), « pionnière des pages de femmes ». Mais n'est-ce pas le propre du journaliste que de rendre compte de son temps, sans se soucier outre mesure de l'avenir ? En fait, ce que Germaine Guèvremont apprécie le plus en ces femmes, souvent d'un âge avancé, c'est leur capacité d'évoquer « avec sympathie et émotion [ces] choses qui furent [leur] jeunesse et qui trouvent en nous un écho parce qu'elles se révèlent authentiques » (*Paysana*, décembre 1943, p. 8).

Plus intéressants, certes, paraîtront les articles, hélas trop rares, que Germaine Guèvremont a consacrés, toujours dans *Paysana*, aux écrivains et à la littérature. D'une qualité indéniable, ces écrits ne brillent cependant pas par leur originalité ; mais il s'agit moins ici de professer que d'instruire, ou simplement d'initier. Les pages qu'elle publie à l'occasion du tricentenaire de la naissance de Jean Racine (1639-1699) et du centenaire de la naissance de Louis Fréchette (1839-1908) n'ont pas d'autre prétention que de faire mieux connaître l'homme derrière l'œuvre. On peut en dire autant de la romancière et conteuse provençale Marie Mauron (1896-1986), contemporaine injustement méconnue de Giono et de Pagnol, mais aussi de la grande Colette (1873-1954), à laquelle Germaine Guèvremont voue un véritable culte. En chacun de ces auteurs, elle retrouve une part d'elle-même, une facette de sa sensibilité. Quand on sait, par exemple, dans quelles affres la plongent le plus petit reproche ou la moindre critique — et ce sera surtout le cas à propos du *Survenant* —, on mesure mieux la portée de réflexions comme celles-ci, où s'exprime une véritable compassion pour Racine, victime de la petitesse de ses ennemis :

 ⁓ Plus il s'élève, plus on s'acharne à le détruire. D'*Andromaque* à *Phèdre*, il sert de cible à des basses intrigues ; il reçoit en plein cœur les flèches empoisonnées. Tour à tour superbe et d'une grande humilité, fort naïf et sensible à l'extrême, il se plaint « que la moindre critique lui a toujours causé plus de chagrin que toutes les louanges ne lui ont fait plaisir » (*la Revue populaire*, novembre 1939, p. 7). ∾

Femme de lettres, Germaine Guèvremont est aussi, depuis 1938, chef du secrétariat de la Société des écrivains canadiens. À ce titre, elle signe dans *Culture* un reportage sur cette organisation, œuvre de son ami Victor Barbeau, avec un compte rendu des activités de la Société pour l'année 1939-1940. Et quand l'infatigable Victor Barbeau fonde quelques années plus tard l'Académie canadienne-française (devenue depuis l'Académie des lettres du Québec), Germaine Guèvremont se hâte de s'en faire l'écho dans *la Revue populaire*. Pour cet homme exceptionnel qu'elle a rencontré pour la première fois au début de la vingtaine et qui a de nouveau croisé sa route en 1938, comme pour lui tendre la main dans l'adversité, Germaine Guèvremont éprouve un réel sentiment de gratitude, qu'elle exprimera, en 1963, dans un bel hommage intitulé « Jamais je n'oublierai... ».

D'autres sujets sollicitent la curiosité et l'intérêt de la collaboratrice de *Paysana*, et au premier chef l'histoire du pays en général et de Sorel en particulier. L'année 1942, qui marque le troisième centenaire de Sorel, lui fournit l'occasion de célébrer, dans un reportage accompagné de photographies, le passé héroïque et l'avenir prometteur de cette ville. En avril 1943, elle rend hommage au grand-père de son mari, Moïse Beauchemin, « pionnier de l'industrie des machines aratoires dans la province de Québec » et constructeur de bateaux à vapeur. L'année suivante, elle plonge aux origines de la Nouvelle-France, en évoquant le souvenir du « premier défricheur », Louis Hébert, dénonçant par ricochet la paresse et la cruauté de ceux que l'on appelait encore les « Sauvages ».

Les enfants, leurs questions et leurs bons mots amusent et émeuvent la conteuse, restée toute sa vie si proche de la fraîcheur de son enfance. Rien ne l'indigne plus que le manque de respect des adultes à l'égard des petits, les fausses promesses et les injustices, même légères, précise-t-elle, concluant : « Accorder à un être une enfance merveilleuse, c'est lui assurer une vie lumineuse. » L'un des secrets « capables d'enchanter et d'améliorer » la vie des enfants, « surtout les pauvres », c'est la lecture, thème sur lequel Germaine Guèvremont, qui a passé sa vie à dévorer des livres, revient inlassablement. On n'en finirait pas d'énumérer les auteurs qu'elle cite dans ses articles et dans les nombreuses entrevues qu'elle n'a cessé d'accorder à partir de 1945, sitôt après la parution du *Survenant*, qui la rendit célèbre du jour au lendemain.

Quelques textes du début des années quarante permettent de retracer la genèse du personnage littéraire du Survenant. Ainsi qu'on l'a montré ailleurs[1], ce dernier, loin d'être né spontanément sous la plume de Germaine Guèvremont, est le résultat d'une lente maturation. « Pansu le Survenant », héros du conte intitulé « Les demoiselles Mondor », en constitue une manière d'esquisse. Mais, « gros, gras, encore jeunet », il n'apparaît encore que comme la caricature du Survenant. Malgré ses qualités et ses dons, il lui manque la beauté et la sensualité qui caractérisent le Grand-dieu-des-routes. Dans le treizième épisode de « Tu seras journaliste », on voyait passer, comme une ombre, un jeune Indien nommé Charles Jones. Le pouvoir de séduction dont Germaine Guèvremont l'avait doté, son nom à consonance anglaise et ses origines amérindiennes annonçaient mieux le Survenant. Parti de Kingston, en Ontario, Charles Jones se dirigeait vers l'Anse-à-Pécot ; son objectif était de traverser l'Atlantique en canot. Caroline Lalande, journaliste à *La Voix des Érables*, ayant été chargée de l'interviewer, fut subjuguée par « le corps bronzé du jeune aventurier ». Aussi fut-elle sincèrement affligée d'apprendre quelques semaines plus tard qu'il s'était noyé au large de Gaspé.

Germaine Guèvremont paraît avoir été hantée par cet Indien au destin tragique, ainsi que le montre sa correspondance avec Alfred DesRochers. Trois lettres, écrites à la fin de 1942 et au début de 1943, nous apprennent en effet qu'elle méditait alors un nouveau conte sur le même thème. Charles Jones y devient « le Noir » ou « Blackie », Johnny Giasson de son vrai nom (à la fois étranger par son prénom et d'ici par son patronyme, comme Malcolm Petit de Lignères) et Caroline Lalande se transforme en la « sage Mélusine », correspondante du *News* à Sorel (à l'instar de Germaine Guèvremont, qui avait été correspondante de la *Gazette* dans cette même ville, à partir de 1926) :

> ∾ Trois jours j'ai porté sans larguer un conte dans mon cœur. À la maison d'abord. À la maison où j'officie durant la matinée. Je pèle des patates, un geste bien ordinaire, mais ce n'est pas une terrine qui repose sur mes genoux, c'est la tête d'un Sauvage qui s'appelait : le Noir [...] Je marche sur la rue. Environnée de gens, mais seule au monde. On me nomme Mélusine. Depuis vingt ans je garde sur mes lèvres le goût de la savane et l'empreinte du Sauvage qui ne revint jamais[2]... ∾

Le conte parut dans *la Revue moderne*, en mars 1943, sous le titre « Un sauvage ne rit pas ». Mélusine, double de Caroline Lalande (et de Germaine Guèvremont), y passe la nuit avec le « sauvage » sur la grève de la Pointe aux Pins :

> ∾ J'aimais tout de lui : j'aimais son langage rude de coureur de bois, j'aimais sa voix aux intonations rauques, et ses cheveux au vent et sa belle tête nerveuse, et le grand corps bronzé qui oscillait comme un arbre dans la tempête [...] Il était le premier dans ma vie. Il fut le seul. Sans même s'en douter il m'avait révélée à moi-même. Désormais j'irais, solitaire, puisqu'il n'était plus là. J'étais marquée du signe de l'amour (*la Revue moderne*, mars 1943, p. 11). ∾

La dimension humoristique que Germaine Guèvremont a conférée à la scène finale de ce conte ne doit pas faire illusion ; elle a pour unique fonction d'en désamorcer le caractère par trop autobiographique. Nulle part ailleurs dans l'œuvre de la romancière ne trouve-t-on de pages aussi sensuelles. Même pas dans *le Survenant*, qu'elle rédige précisément à la même époque.

Du point de vue de la création littéraire, les années quarante constituent une période faste dans la vie de Germaine Guèvremont. Outre « Un sauvage ne rit pas », le feuilleton « Tu seras journaliste », les contes d'*En pleine terre* et le diptyque *Survenant / Marie-Didace*, elle publie en effet deux autres contes : « Lettre morte » et « La peur », qui seront suivis, au début de la décennie suivante, du « Chambreur » et de « L'émeraude ».

« Lettre morte », récit d'un amour malheureux, rappelle par le ton certains des articles que « Janrhêve » donnait jadis à *l'Étudiant*. En revanche, l'humour joue un rôle primordial dans « La peur », qui met en scène deux sœurs — une maigre et une grosse — aussi dissemblables que les « demoiselles Mondor », Ombéline et Énervale, qu'une « disparité de caractères [...] faisait se détester à la petite haine, grugeuse et quotidienne ». On reviendra sur les « demoiselles Mondor » dans le chapitre suivant.

Sous-titré « conte drolatique », « Le chambreur » n'a pour sa part d'autre prétention que d'amuser. Avec son trait final, ce récit s'apparente en effet à une farce. Bien que l'humour y soit également présent, « L'émeraude », œuvre de plus d'envergure, est plus spirituelle que « Le chambreur ». Germaine Guèvremont y peint avec une visible délectation les petits travers des humains tels qu'elle a pu les observer dans la vie de tous les jours.

Le même sens aigu de l'observation est à l'œuvre dans les quatorze articles que Germaine Guèvremont a publiés, du 15 décembre 1940 au 15 janvier 1942, dans le magazine *l'Œil*, sous la rubrique « Courrier extraordinaire ». On y trouve, sous la forme de potins (opportunément signés « La Femme du Postillon »), une collection d'anecdotes savoureuses, de bons mots, de calembours et de réflexions diverses, inspirés de l'actualité, avec çà et là quelques souvenirs d'enfance. Si l'émotion perce occasionnellement — après tout la guerre fait alors rage en Europe —, le ton est généralement celui de la bonne humeur, Germaine Guèvremont n'hésitant pas à dénoncer les ridicules et à se moquer des manies, aussi bien des petites gens que des bourgeois prétentieux. Si elle s'efforce d'adopter le style qui convient à son sujet, elle n'évite pas toujours le ton moralisateur, non plus qu'une certaine mièvrerie, défauts qui s'atténueront vingt ans plus tard, quand elle reprendra la plume pour rédiger sa chronique hebdomadaire dans *le Nouveau journal*, sous la rubrique « Trois minutes avec Germaine Guèvremont ».

En 1940, Germaine Guèvremont avait besoin de gagner sa vie : sa participation à *l'Œil* ne s'explique pas autrement. Bien sûr, son nom, lié depuis bientôt trois ans à *Paysana*, circulait dans les cercles journalistiques ; mais elle n'avait encore rien publié qui pût la rendre célèbre. En 1961, quand Jean-Louis Gagnon, directeur de l'éphémère *Nouveau journal*, sollicite sa collaboration, Germaine Guèvremont est devenue une vedette, un écrivain adulé. Sa signature vaut à présent son pesant d'or. *Le Nouveau journal* tient à profiter de sa renommée, comme de celle de nombreuses autres personnalités québécoises, pour asseoir son succès. Les « billets » qu'elle y donne chaque semaine, à partir du 9 septembre 1961, lui permettent de renouer avec l'actualité (mort d'Ernest Hemingway et de Mazo de La Roche en 1961 ; exploit de l'astronaute John Glenn), mais le ton s'est assombri par rapport à ce qu'il était vingt ans plus tôt. Germaine Guèvremont approche de la vieillesse : elle a eu 68 ans le 16 avril 1961. Si elle n'a pas perdu son solide sens de l'humour, elle est devenue un tantinet caustique, n'hésitant pas à vitupérer contre l'ingratitude des Canadiens à l'égard de leurs écrivains, à pester contre le téléphone qui lui « enlève [ses] moyens d'expression », à dénoncer les marchands d'illusions, à déplorer le « séparatisme » des « jeunes gens en colère québécois [qui] veulent l'isolement du Canada » et à s'emporter contre la goujaterie de certains écrivains français en visite au Canada, plus prompts à faire mousser leurs œuvres et à exiger d'importants cachets de conférenciers qu'à nouer des relations avec leurs confrères canadiens ou à s'intéresser à la littérature d'ici.

Quand l'actualité ne l'inspire pas, Germaine Guèvremont recourt à ses lectures, à son propre univers et à son expérience personnelle. Mais quand c'est l'inspiration elle-même qui fait défaut, la journaliste puise dans son œuvre de chroniqueuse et en extirpe un article oublié, qu'elle remet au goût du jour. Ainsi, par exemple, « À la croque au sel » reprend-il en substance la matière d'« Avec un grain de sel... », publié jadis dans *Paysana*.

Ce qui frappe toutefois le plus, dans ces articles du *Nouveau journal*, c'est leur caractère autobiographique et la nostalgie dont ils sont empreints. Avec l'âge, Germaine Guèvremont se détourne de plus en plus du présent et s'enferme dans la douceur et le confort du passé, que le souvenir transfigure. « La maison de ma tante », « Noël approche », « Les visiteurs du Jour de l'an » et « Deux nouvelles » constituent à cet égard de véritables plongées dans l'enfance. Ce faisant, Germaine Guèvremont renoue avec « Le tour du village » (1941-1943) et jette les bases des mémoires qu'elles s'efforcera de rédiger à la fin de sa vie et dont il ne nous est parvenu que deux fragments : « À l'eau douce » et « Le premier miel ».

Le Nouveau journal marque la fin de la carrière journalistique de Germaine Guèvremont. Absorbée ensuite par la rédaction de ses mémoires, elle ne publiera pour ainsi dire plus rien. Sa bibliographie ne comporte plus en effet, entre 1962 et 1968, date de sa mort, que des hommages à son père, à son ami Victor Barbeau et à la romancière provençale Marie Mauron, ainsi qu'une courte préface à *Pomme-de-Pin* de Louis Pelletier-Dlamini, « le dernier écrit de Mme Germaine Guèvremont avant sa mort », ainsi que le précise l'éditeur.

Au cours des trois décennies qui venaient de s'écouler, Germaine Guèvremont était passée de l'obscurité à la célébrité. Cette métamorphose prend sa source dans son œuvre de conteuse et de romancière pour culminer dans son œuvre de feuilletoniste radiophonique et télévisuelle ; elle repose pour l'essentiel sur le personnage mythique du Survenant, dont la popularité ne cessa de croître en passant du roman à la radio, puis à la télévision.

Le premier conte d'*En pleine terre* parut en 1938. En Europe, le totalitarisme avait déjà commencé à se transformer en barbarie. Quant aux romans *le Survenant* et *Marie-Didace*, parus respectivement en 1945 et 1947, ils ont été rédigés en grande partie durant la guerre et constituent un hymne à la liberté. Germaine Guèvremont s'est complètement investie dans ces trois œuvres majeures, auxquelles seront consacrés les prochains chapitres.

Notes

1. *Le Survenant*, édition critique par Yvan G. Lepage, p. 24-34. Voir aussi Yvan G. Lepage, « Genèse d'un mythe », introduction au *Survenant* de Germaine Guèvremont, Montréal, BQ, 1990, p. 7-17 (surtout p. 12-13).

2. Lettre de Germaine Guèvremont à Alfred DesRochers, [hiver 1942-1943 ?], Archives nationales du Québec à Sherbrooke.

CHAPITRE 4

~

EN PLEINE TERRE

Germaine Guèvremont a plus d'une fois raconté dans quelles circonstances elle était devenue « conteuse de contes ». La version la plus complète de cette « genèse » se trouve dans la revue *Paysana*, livraison de mars 1941, sous le titre « C'est notre fête ». Le premier conte qu'elle ait publié, à l'instigation de son amie Françoise Gaudet-Smet, s'intitulait « Les survenants ». Il parut dans *Paysana*, en mars 1938. Chaque mois, par la suite, elle faisait paraître un nouveau conte, s'efforçant, pour plus de vraisemblance, de faire coïncider le temps du récit avec celui de la parution.

Une fois rassemblés, ces contes, que le Chenal du Moine lui avait inspirés au cours des quinze années qu'elle y avait vécu, formèrent un recueil auquel elle donna le titre d'*En pleine terre*, parfaitement adapté à la mission de *Paysana*.

Le recueil *En pleine terre* ne s'est constitué que progressivement, sans véritable vision d'ensemble. Les « paysanneries » et les contes qui le composent ont été écrits sur une période de plus de trois ans (1938-1941), au gré de l'inspiration du moment. On y chercherait donc en vain une unité de composition. La thématique paysanne seule assure à la plupart de ces récits une certaine cohérence narrative et stylistique. Germaine Guèvremont n'aura plus qu'à accentuer cette cohérence quand elle rassemblera les quatorze « paysanneries » qui formeront, en 1942, la première partie d'*En pleine terre*. *Le Survenant*, dont elle commence la rédaction en cette même année 1942, fera apparaître entre les « paysanneries » et le roman de nouvelles incohérences, qu'elle s'efforcera de gommer dans la deuxième édition d'*En pleine terre* (1946).

C'est ce lent et patient travail de genèse et de transformation que l'on mettra au jour dans les pages qui suivent. Il est relativement rare que l'on puisse ainsi entrer dans le secret de la création.

*

*   *

Le recueil, qui met en scène les principaux personnages qui peupleront l'univers du *Survenant* et de *Marie-Didace* (à la double et significative exception des protagonistes, le Survenant et Angélina Desmarais, trop considérables pour être contenus dans les limites étroites d'un simple conte), se présente comme une sorte de prologue ou de prélude au diptyque romanesque.

Autour du noyau central que forme la famille Beauchemin, Germaine Guèvremont dispose en étoile les divers protagonistes et les différents événements qui scandent la vie d'une petite paroisse rurale du début du siècle. Les sept premières « paysanneries » sont consacrées aux principaux membres de la cellule familiale : Amable et sa fiancée Alphonsine Ladouceur ; Marie-Amanda et son « cavalier » Ludger Aubuchon, « navigateur de goélettes » ; Russe, le « quêteux des Beauchemin » ; la mère Mathilde priant pour son mari et ses enfants ; le mariage d'Amable et de Phonsine ; la noyade d'Éphrem. Le père Didace entre véritablement en scène à partir de la huitième « paysannerie » et, avec lui, quelques-uns des autres habitants du Chenal du Moine : Pierre-Côme Provençal, Jacob Salvail, le garde-chasse Tit-quienne et le nouveau gardien du phare de l'Île-aux-raisins, Tit-homme Duplantis. « Le coup d'eau » (douzième « paysannerie ») fournit à « l'aïeule », mère de Didace, l'occasion de rappeler avec émotion, comme chaque année, sans doute, au moment de la débâcle, la « grosse inondation » d'avril 1865. La dernière « paysannerie » (« Un petit Noël ») nous fait pénétrer dans l'intimité du couple Marie-Amanda et Ludger Aubuchon. Mariés depuis le printemps de l'année précédente, ils ont une petite fille nommée Mathilde, et Marie-Amanda attend pour bientôt un deuxième enfant.

Il n'est pas toujours aisé de dater les événements un peu disparates d'*En pleine terre*. Les quatorze « paysanneries » qui forment la première partie du recueil paraissent se dérouler sur une période de trois ans, de la veille de Noël 1905 à la veille de Noël 1908, avec une ellipse de vingt-quatre mois entre « Une grosse noce » (mariage de Phonsine et Amable, le « mardi de la troisième semaine de juin [1906 ?]) et « Un malheur » (récit de la noyade d'Éphrem, été 1908 ?). Le passage régulier des saisons, traditionnel dans le roman de la terre, sert de cadre général à l'ensemble des contes et leur confère une certaine unité, encore bien floue, toutefois, si on la compare à la structure du *Survenant*.

*
*   *

Ainsi qu'on l'a dit, le premier conte appelé à figurer dans *En pleine terre* parut en mars 1938, dans le premier numéro de *Paysana*. Il s'intitulait alors « Les survenants ». Quatre ans plus tard, quand Germaine Guèvremont l'inclura dans son recueil *En pleine terre*, où il occupe la première place, il prendra un titre plus banal : « Chauffe, le poêle ! », injonction qui reprend tout simplement les derniers mots du conte. La future romancière avait-elle dès lors décidé de garder en réserve le beau titre « Le Survenant » pour l'œuvre qu'elle allait commencer à rédiger quelques mois plus tard, en novembre 1942 ?

L'action des « Survenants » se situe la veille de Noël. Les deux versions de ce conte diffèrent passablement, aussi bien dans la composition que dans l'écriture, moins nettes et moins fermes dans *Paysana* que dans *En pleine terre*. La première version, moins concrète, laisse entendre que les Beauchemin forment une famille

nombreuse, mais seuls nous sont présentés le « grand Beauchemin »
(qui ne s'appelle pas encore Didace), madame Beauchemin (sans
prénom elle non plus), le « jeune Amable Beauchemin » et sa sœur
Amanda, ou « Manda », par aphérèse. S'il y est vaguement fait
allusion à la sœur de Manda et d'Amable, elle n'est pas nommée
et ne joue encore aucun rôle dans le conte. Quant aux personnages
extérieurs à la famille, il n'y en a que trois : Alphonsine (ou
« Phonsine ») Ladouceur, « Ti-Frid », l'« ancien homme engagé »,
et le « commerçant de Sainte-Anne ».

Dans *En pleine terre*, ce microcosme s'anime prodigieuse-
ment. Ce qui était encore vague devient plus précis, les contours
se dessinent plus nettement et les personnages acquièrent du relief. De falots qu'ils étaient, les voici qui prennent vie, Germaine
Guèvremont leur conférant substance et individualité, en même
temps qu'elle leur donne leurs noms définitifs. Brus et gendres
disparaissent, cédant la place à « l'aïeule », mère du « grand
Beauchemin », désormais prénommé Didace et dont l'épouse,
jusque-là appelée tout simplement « madame Beauchemin », prend
le nom de Mathilde. La famille gagne ainsi en profondeur ce qu'elle
perd en étendue. Ainsi se met en place la dynastie des Beauchemin,
que *le Survenant* et *Marie-Didace* immortaliseront. Pour l'heure
s'affairent, en cette veille de Noël, Mathilde Beauchemin et sa fille
Marie-Amanda. L'aïeule, « mécontente d'être reléguée à de petites
besognes », « trottine ici et là ». Apparaissent aussi, mais à peine
esquissés, Éphrem, « le cadet », ainsi qu'Alix, qui taquine sa sœur
aînée Marie-Amanda, amoureuse de Ludger Aubuchon, « navigateur de goélettes », totalement absent de la première version.

Le rôle principal est ici réservé à Amable. Germaine Guèvremont nous le présente sous un jour passablement plus favorable
que ce ne sera le cas dans *le Survenant*. Il n'est en effet pas encore
la mauviette qu'il deviendra en passant du conte au roman. Ici, au
contraire, Amable paraît avoir plus de virilité de caractère, ce qui
ne l'empêche pas, après s'être montré dur et capricieux, de fondre
en larmes quand l'émotion l'étreint. Torturé et complexe, on sent

bien que sa personnalité n'est pas encore définie : le personnage se cherche, en quelque sorte. En ce jeune paysan gît un maquignon, toujours prêt à supputer la valeur des choses et prompt à marchander, même avec Dieu, ne dédaignant pas non plus de prendre un coup, quand l'occasion s'en présente.

Bien que boudeur et plutôt passif devant l'adversité, Amable possède suffisamment de qualités pour intéresser — à défaut de la séduire — cette jeune « institutrice de rang » qu'est Alphonsine Ladouceur. « Orpheline de père et de mère », ainsi que nous le révèle le père Beauchemin dans « Une grosse noce », Phonsine brûle du désir de quitter le Chenal du Moine pour « s'engager à Montréal », irrésistiblement attirée, comme la Caroline de « Tu seras journaliste », par les mirages de la grande ville. Sa jeunesse, sa fraîcheur et sa beauté ont rendu Amable follement amoureux d'elle. Mais quand il l'avait demandée en mariage l'année précédente, la jeune femme, « si belle, si vaillante », ne lui avait d'abord répondu que par le silence, avant de lui faire part de son dessein : elle tenait à « rester libre un an de temps » avant de fournir sa réponse.

Douze mois plus tard, en cette nouvelle veille de Noël, Amable, comme une âme en peine, revit ces moments douloureux. Autour de lui, tous s'affairent ; lui seul reste « indifférent aux préparatifs d'usage ». L'aïeule, la mère de Mathilde et Marie-Amanda s'activent toutes trois sans relâche depuis le matin, « afin que tout soit prêt pour le réveillon ». Germaine Guèvremont, que « le récit de ripailles gargantuesques [...] a toujours trouvée vulnérable[1] », paraît ici à son meilleur. La description gourmande qu'elle propose est si parfaite qu'elle n'aura plus qu'à la reprendre, avec quelques légères variantes, dans le chapitre IX du *Survenant*, consacré aux préparatifs de l'« ordinaire des fêtes ».

Le père Didace Beauchemin est dessiné avec la même précision et la même sûreté de trait. Chef incontesté du clan des Beauchemin, il a le port altier du maître habitué à commander et à être obéi. Comme autant de servantes soumises, les femmes de la maison s'agitent autour de lui dès qu'il « paraît sur le seuil de la porte », prêtes à satisfaire en silence ses moindres désirs. Peu sensible à la peine des autres, Didace est incapable de comprendre que la seule absence de Phonsine puisse plonger Amable dans un état de quasi-prostration. « Qu'il se console donc ! Il n'y a pas qu'une fille dans le monde ! », réplique-t-il sèchement à sa femme, toujours empressée, quant à elle, à excuser la morosité de son fils. Cette divergence d'opinions peut paraître insignifiante, ou banale à tout le moins ; elle n'en révèle pas moins d'entrée de jeu la coexistence, au sein de la famille Beauchemin, de deux systèmes de valeurs incompatibles. L'amour, qui exalte l'individu et l'élève au-dessus des contingences, lui permettant de ce fait d'échapper un temps à la routine, n'est, aux yeux du père Didace, qu'un accès de faiblesse. Si l'on peut pardonner aux femmes d'en être victimes, les hommes ne sauraient s'y abandonner sans déchoir, eux qui ont pour mission de pérenniser les institutions. Dans ce monde où le passé est garant de l'avenir, l'individu doit se mettre au service de la communauté et renoncer à ses satisfactions personnelles. Nulle place, là, pour l'amour, tout juste bon à perturber l'ordre social. Si l'on aime, que ce soit au moins avec discrétion, par devoir en quelque sorte, pour perpétuer la lignée, comme les saisons se succèdent en un cycle immuable. En germe dans ce premier conte d'*En pleine terre*, cette conception patriarcale de la famille et de la société ne fera que s'accentuer dans *le Survenant* et *Marie-Didace*. Le père Didace s'y cramponnera d'autant plus obstinément qu'il en mesurera la fragilité.

Entre Amable, que l'amour amollit, et son père, homme de rigueur et de devoir, le conflit est latent. Pour l'heure, Mathilde Beauchemin sert de rempart à son fils contre son mari, mais un jour viendra, pas très lointain, où les deux hommes se retrouveront face à face, sans intermédiaire : Mathilde ne sera plus là pour atténuer le choc. Alors éclatera l'animosité de Didace contre son mollasson de fils, mais aussi contre celle qui sera devenue sa belle-fille, cette Phonsine que trois années de mariage n'auront pas réussi à rendre mère et dont le caractère se sera aigri. Déjà, la fin du conte « Chauffe, le poêle ! » nous la présente sous un jour différent par rapport à ce qu'elle était quelques mois plus tôt. Son séjour à Montréal comme « engagère » et l'ennui qui l'a rongée ont suffi à flétrir les « roses fraîches de [ses] joues » et à voiler la « lumière de [son] regard ». Désillusionnée, elle rentre au Chenal du Moine, décidée à n'en plus bouger et prête, cette fois, à épouser Amable. Le réveillon, qui s'annonçait si morne pour le fils Beauchemin, se métamorphose tout à coup en une fête des retrouvailles.

*

* *

Les différences que l'on peut noter entre « La glace marche », deuxième « paysannerie » d'*En pleine terre*, et la première version qui en fut publiée sous le titre « Le départ » dans *Paysana*, sont essentiellement d'ordre stylistique. « Les survenants » ne faisaient aucune allusion à l'« amoureux » de Marie-Amanda ; il avait fallu attendre *En pleine terre* (1942) pour apprendre son nom et son métier de navigateur. « Le départ » nous le présente sous le nom de Clovis, que Germaine Guèvremont transformera en Ludger Aubuchon en 1942. Quant à Marie-Amanda, la peinture qui en est faite dans l'une et l'autre version de ce second conte en fait l'archétype de la paysanne traditionnelle. Pieuse sans être bigote, elle est solide, courageuse et peu exigeante. Parfaitement équilibrée, « vaillante » et saine, elle ne songe qu'à se dévouer au service d'autrui. Ces belles qualités, quoique encore un peu floues, se laissent déjà deviner au détour d'une phrase ; elles s'épanouiront dans le diptyque romanesque.

Dans le conte qui nous occupe, Marie-Amanda nous est présentée non pas tant comme la paysanne modèle que sous les traits d'une amoureuse, inquiète, en « ce matin de mars[2] », de devoir assister, sitôt la débâcle, au départ pour la navigation de celui qu'elle aime. Dans *Paysana*, cet amoureux, appelé Clovis, n'a pas de patronyme. La genèse de ce personnage, tout compte fait bien secondaire dans l'œuvre de Germaine Guèvremont, est assez curieuse. S'il joue dans « Le départ » un certain rôle, il n'est plus jamais fait allusion à lui dans les autres contes de *Paysana*. Le seul Ludger que Germaine Guèvremont y ait mis en scène s'appelle Ludger Cardin ; il apparaît dans « Un petit Noël », où tous les personnages portent des noms différents de ceux que la conteuse leur donnera dans *En pleine terre*. La femme de Ludger Cardin a pour nom Angèle, leur petite fille est anonyme et leur voisin, dont la mère vient de mourir, en cette veille de Noël, s'appelle Amable Salvail. Comme on le constate, ces personnages n'ont rien à voir avec la famille Beauchemin. Dans *En pleine terre*, Germaine Guèvremont a modifié tous ces noms afin de conférer unité et cohérence à son recueil. Le Ludger Cardin d'« Un petit Noël » y est devenu Ludger Aubuchon. Angèle cède la place à Marie-Amanda[3] et leur petite fille s'appelle Mathilde, comme sa grand-mère. Enfin, pour éviter toute confusion avec Amable Beauchemin, frère de Marie-Amanda, Amable Salvail prend le nom d'Avelin Salvail, transformé, dans la deuxième édition d'*En pleine terre*, en Avelin Millette. C'est qu'entre-temps *le Survenant* avait paru, et le nom de Salvail y avait été réservé à Jacob et à sa fille Bernadette (ou « Bedette »).

Une fois introduit dans l'univers des Beauchemin, Ludger Aubuchon allait donc remplacer, dans la nouvelle version intitulée « La glace marche », le Clovis du conte « Le départ ». Et pour mieux articuler ce conte avec le précédent, qui ouvre le recueil, Germaine Guèvremont consacre quelques lignes à Ludger dans « Chauffe, le poêle ! », alors qu'il était totalement absent de la première version (« Les survenants »). Ainsi les personnages et le cadre guèvremontiens se mettent-ils graduellement en place.

L'intérêt du conte « Le départ » ne se limite évidemment pas aux personnages de Marie-Amanda et de son soupirant Clovis/ Ludger. Comme dans le conte précédent, Germaine Guèvremont manifeste ses dons de description. Dans « Les survenants », elle s'exerçait à flatter le palais de son lecteur en faisant défiler sous ses yeux les mets traditionnels du temps des fêtes. Ici, ce sont tous les autres sens qu'elle s'efforce de réveiller, dans une peinture luxuriante et voluptueuse du printemps. Le réveil de la nature, « si prompt à faire germer la vie », produit chez Marie-Amanda une excitation qui s'apparente fort au trouble érotique, d'autant que cet émoi est lié à l'évocation de son amoureux. L'émotion qui étreindra le Survenant devant le spectacle de la nature, travaillée par les forces de la vie[4], atteindra la même intensité, mais sans la dépasser dans l'ordre de la sensualité.

On retrouvera Marie-Amanda dans « Le coup d'eau ». Pour l'heure, en ce « matin d'avril », c'est un « quêteux » que Germaine Guèvremont met en scène. Le mendiant, figure du nomade sans feu ni lieu, est un personnage traditionnel de la littérature québécoise, une espèce de « survenant » que l'on craint, parce qu'on lui prête des pouvoirs ambigus, et que l'on respecte, conformément à l'enseignement de l'Évangile. Parfaitement intégré à la culture rurale québécoise, le mendiant fournit aux habitants de la paroisse, sédentaires par vocation autant que par nécessité — « la terre est une souveraine qui ne tolère pas l'oubli de son règne » —, l'occasion de manifester leur générosité, tout en profitant en retour des nouvelles du monde extérieur. Le quêteux ne manque pas, en effet, de faire sa tournée une fois ou deux par année, colportant de maison en maison de précieux renseignements sur les voisins et sur les paroisses environnantes.

C'est précisément au début du printemps, en avril, avec l'« arrivée des canards sauvages », que surgit chez les Beauchemin le quêteux auquel Germaine Guèvremont donne le surnom de « Russe », sans doute pour marquer son origine étrangère. À la différence des « quêteux benoîts qui mendient de tout leur corps moulé aux humiliations » ou des « mendiants des villes, redoutés et sournois », Russe est un homme digne et fier, qui ne craint pas de s'installer chez les gens durant un jour ou deux. Il égaie leurs soirées, exigeant en retour une large récompense en nature.

Se montre-t-on trop peu libéral à son goût, il claque la porte, déclarant avec hauteur : « Vous vous en chercherez un bon quêteux comme moi ! »

Contrairement à la plupart des autres « paysanneries » d'*En pleine terre*, « Un bon quêteux » ne fut pas préalablement publié dans la revue *Paysana*. Il constitue au sein du recueil une parenthèse destinée à détendre l'atmosphère. Germaine Guèvremont aura recours au même procédé dans *Marie-Didace*, dont le chapitre VI de la première partie est consacré à la distrayante visite du colporteur Zarovitch.

Dans « Les survenants », le prénom du père Beauchemin n'est pas précisé. Il faut attendre le troisième conte de *Paysana*, intitulé « Sa prière », pour apprendre qu'il s'appelle Joseph. Voilà en effet le prénom banal que Germaine Guèvremont avait primitivement cru devoir donner au chef du clan des Beauchemin.

Nous sommes en mai, autrefois appelé « mois de Marie » parce que la liturgie l'avait consacré à la Vierge. La mère Beauchemin, fatiguée et vieillissante, se rend seule à la croix du chemin faire ses dévotions à la Mère de Dieu. La vie ne lui apporte plus aucun plaisir, mais elle s'y accroche pour l'amour de ses enfants, en particulier des deux plus jeunes, anonymes ici, mais dont on apprendra, dans « Un malheur » et dans « Quand l'été s'en va », qu'ils ont pour prénoms Alix et Éphrem. Dans cette première version de « Sa prière », ce dernier a quinze ans. Quand le conte sera repris deux ans plus tard, dans *En pleine terre*, sous le titre « Prière », l'âge d'Éphrem sera ramené à treize ans. Cette variante n'est pas aussi négligeable qu'on pourrait être tenté de le croire, car elle a une incidence sur la chronologie interne du recueil. Il faudra y revenir.

La mère Beauchemin déplore la mésentente qui règne entre Éphrem et son père, homme « contraireux » et chicanier, que l'âge commence à peine à dompter. Une fois le cadet disparu, c'est Amable que le père Beauchemin prendra en grippe, ainsi qu'on le verra dans *le Survenant*. Pour l'instant, le fils aîné ne rêve que de son prochain mariage avec Alphonsine Ladouceur. Inquiète et prophétique à la fois, la mère Beauchemin craint que cette « étrangère », qui a « goûté à la ville », ne regrette un jour le « temps passé là-bas », enchaînée qu'elle sera au Chenal du Moine, où la vie est monotone. Quant à Marie-Amanda, elle se ronge d'ennui depuis le départ de son amoureux, « pris du mal de naviguer ». C'est pour eux tous que la vieille femme prie la Vierge.

Le conte suivant, intitulé « La noce » dans *Paysana*, puis « Une grosse noce » dans *En pleine terre*, est consacré au mariage d'Alphonsine et d'Amable. Lors de leurs fiançailles, dans le temps des fêtes, le père Beauchemin avait fixé la noce « entre les semailles et les récoltes ». Mais le printemps avançait et jamais il n'en était question. Prenant alors son courage à deux mains, Amable ose aborder le sujet. La réponse du chef de famille ne se fait pas attendre. La date du mariage est arrêtée ; il aura lieu « le mardi de la troisième semaine de juin ».

La description des préparatifs de la noce ainsi que du plantureux repas et des divertissements qui suivent la cérémonie diffère passablement d'une version à l'autre du conte. D'abord un peu verbeuse et amorphe, la description s'affermit et s'anime, dans *En pleine terre*. Suivant l'un des grands principes narratologiques américains de son temps (« *Don't tell it, show it* »), Germaine Guèvremont s'efforce de « faire voir » plutôt que de « dire ». Aussi, au lieu de s'en tenir à une vague énonciation (« Les chansons à répondre se succédaient avec entrain »), enrichit-elle son tableau, dans la deuxième version, en décrivant d'abord, non sans une pointe d'humour, les mimiques du « chanteur de couplets », puis en citant un extrait de sa chanson, elle-même suivie d'une autre, qu'entonne, à la surprise générale, « une jeune fille au parler gras, l'œil éveillé et les joues aussi rouges que des pommes fameuses ». Ce faisant, Germaine Guèvremont crée une scène d'une grande vivacité, qu'elle n'aura plus qu'à reprendre, en l'adaptant à son

61

propos et à ses personnages, dans le chapitre X du *Survenant*, consacré à la « grand'veillée » du 2 janvier chez les Salvail. Comme si, en écrivant « Une noce », puis en remaniant son conte pour l'inclure dans *En pleine terre*, Germaine Guèvremont avait voulu se faire la main avant d'aborder ce genre redoutable qu'est le roman.

La fête, prétexte à s'amuser et à faire bombance, est un motif récurrent dans l'œuvre de Germaine Guèvremont. On la retrouve, plus sobre, aux chapitres V et XVI du *Survenant*, puis de nouveau, dans tout son éclat — et fidèle au canevas ébauché dans « La noce » —, au chapitre IX de la première partie de *Marie-Didace*, consacré à la description des noces de Lisabel Provençal. Il y est aussi plus d'une fois fait allusion dans l'œuvre journalistique et autobiographique de la romancière, dont on sait, par ailleurs, qu'elle n'appréciait rien tant que les francs plaisirs conviviaux, toute timide qu'elle ait été avec les personnes étrangères à son cercle d'amis.

Dans *En pleine terre*, « Une grosse noce », dont l'action se situe en juin, est suivi d'« Accord », poème en vers libre, composé à la manière de Jean Narrache et qui n'enrichit guère le recueil. Il s'agit d'une sorte d'hymne au cheval, auquel la voiture automobile risque de succéder. La première version, intitulée « Ode à son cheval », est précédée d'une note qui en explicite le sens : « Les jeunes ont proposé au vieux paysan de changer son cheval pour une auto. Écoutez pour savoir comment il prend ça... » Le cheval s'appelle Gaillarde, nom de la jument du père Beauchemin. Serait-ce lui, le « vieux paysan » ? Oui, sans doute, et si cela étonne le lecteur du *Survenant*, c'est bien la preuve que le personnage a évolué en passant du recueil de contes au roman. Influencée par le roman de la terre traditionnel, Germaine Guèvremont semble avoir tout naturellement conçu le père Joseph Beauchemin comme un « habitant ». Du moins est-ce ainsi qu'il nous est présenté dans « Quand l'été s'en va... » :

⌒ Debout, éclairé par la lumière douce du crépuscule, le paysan Beauchemin entonna un hymne à la terre. Dans la simplicité de son cœur, il trouvait cent raisons d'aimer la terre.

« Y a-t-il quelqu'un au monde de plus libre qu'un habitant ? Les gens de la ville ont le courage de manger le chemin avec leur automobile de crainte d'arriver cinq minutes en retard. Ils me font pitié à côté de nous autres [...]. » ⌒

On a du mal à reconnaître en cet homme disert, lyrique et un peu ridicule le père Didace Beauchemin, « bourru et muet », que *le Survenant* immortalisera. Germaine Guèvremont a dû très vite se rendre compte que ce morceau de rhétorique, s'il correspondait parfaitement à l'idéologie de *Paysana*, n'était approprié ni à la scène ni au personnage. Le Chenal du Moine, avec son paysage où domine l'eau, ne se prête guère à l'agriculture. On n'y cultive la terre que par devoir, trop heureux de s'en évader, à la première occasion, pour s'adonner à ces activités moins sédentaires et infiniment plus exaltantes que sont la pêche et la chasse.

« Quand l'été s'en va... » marque précisément le début de la saison de la chasse aux canards sauvages. Réunis pour la veillée chez un voisin, les « vieux » racontent leurs exploits de jeunesse et des histoires de garde-chasse, tout en rêvant aux coups de fusil du lendemain. Dans ce contexte, l'« hymne à la terre » de Joseph Beauchemin est pour le moins incongru. Aussi Germaine Guèvremont le supprima-t-elle dans la deuxième version, publiée dans *En pleine terre*, sous le titre « Vers l'automne ». Le « paysan Joseph Beauchemin » y cède la place au « grand Didace Beauchemin ». Au lieu de prêcher l'attachement à la terre, ce dernier s'absorbe dans la contemplation des canards nasillants : « Jamais chant plus doux n'avait caressé l'oreille du chasseur », conclut Germaine Guèvremont, avec l'admirable sens du raccourci qui caractérise son art. Le paysan a disparu. Ou plutôt, il s'est métamorphosé en un personnage plus complexe, paysan par nécessité, chasseur par atavisme, conforme en cela au type de l'habitant du Chenal du Moine, avec, de surcroît, les belles qualités léguées par ses ancêtres les Beauchemin et qui seront précisées au début du *Survenant*. Pour l'heure, les voisins se réjouissent, tout comme la mère Mathilde, de voir Didace reprendre goût à la vie, après la terrible épreuve qui a frappé la famille Beauchemin quelques mois plus tôt.

Son canot de chasse ayant chaviré, le jeune Éphrem s'était noyé, un jour d'été[5]. Cette noyade nous est racontée dans « Un malheur », paru dans *Paysana* un mois avant « Quand l'été s'en va... » et repris presque tel quel dans *En pleine terre*.

Entre « Un malheur » et « Vers l'automne » se glisse, dans *En pleine terre*, un conte intitulé « Deux voisins plaident », qui n'avait pas paru préalablement dans *Paysana*. Il en va du reste ainsi pour trois autres contes : « La visite du garde-chasse », « Le coup d'eau » et « Une nouvelle connaissance », qui tous précèdent « Un petit Noël », conte qui clôt la première partie du recueil, consacrée aux « paysanneries ». Tous ces contes mettent en scène des membres de la famille Beauchemin.

Le chicanes entre voisins font partie du folklore. Germaine Guèvremont s'en est plus d'une fois inspirée, dans son œuvre, chaque fois pour amuser son lecteur. Fille d'avocat, elle avait connu très tôt le monde de la justice. Elle profita aussi de l'expérience de son oncle, le docteur Edmond Grignon, qui fut durant plus de quarante ans juge de paix dans les Laurentides. En parcourant les « souvenirs joyeux » qu'il avait publiés sous le pseudonyme « Vieux Doc », sa nièce ne pouvait que se délecter de tant d'esprit (si peu fin qu'il fût parfois) et de tant de bonne humeur. Elle qui eut toujours un faible pour les histoires drôles et que les petits travers de l'humanité ne cessèrent d'amuser, ne pouvait qu'être attirée par les descriptions de procès intentés pour des causes aussi dérisoires que futiles.

« Deux voisins plaident » en constitue un excellent exemple. La première version y oppose Didace Beauchemin et son voisin Petrus Desmarais. Didace nous y est présenté sous les traits d'un paysan, amateur de joutes oratoires, de chicanes et de procédure. César, son chien, a la vilaine habitude de s'en prendre aux vaches de Petrus Desmarais. Excédé, ce dernier lui casse le « reinqué ». Didace intente alors un procès à son voisin et ami, trop heureux de pouvoir enfin le traîner devant la Cour. Bien entendu, le procès tourne court : « bras dessus, bras dessous », Didace et Petrus « se rendent à l'auberge voisine où sur certain point ils s'entendent à merveille ».

Dans la deuxième édition d'*En pleine terre*, parue en 1946, un an après *le Survenant*, Germaine Guèvremont substitue Pierre-Côme Provençal à Petrus Desmarais. Elle avait besoin d'une personnalité forte qui fît contrepoids à Didace Beauchemin. À bon chasseur bon garde-chasse, pourrait-on conclure.

Le conte d'*En pleine terre* intitulé « La visite du garde-chasse » souffre précisément du fait qu'il oppose le braconnier Didace à un personnage naïf, le garde-chasse « Tit-quienne ». Faute d'adversaire à sa taille, le père Beauchemin paraît lui-même bien terne dans ce bref récit dont l'unique but est de faire sourire. On en dira autant d'« Une nouvelle connaissance », qui relate la rencontre de Didace avec Tit-homme Duplantis, le nouveau gardien du phare de l'Île-aux-raisins. Malgré ses six pieds et ses allures de bagarreur, Duplantis se révèle pacifique et réservé, au grand désespoir de son interlocuteur :

⁓ Didace enrageait à la vue d'un homme voué à la force et qui n'avait pas même eu le cœur de s'en servir [au temps de sa jeunesse] :

— Si tu veux savoir ma façon de penser, Tit-homme Duplantis, t'étais rien qu'une grand'vache.

Et sans un mot de plus, il « décosta ». ⁓

Le Survenant viendra combler les attentes du père Beauchemin. En lui il trouvera enfin l'homme idéal : fier, franc, ardent et libre. Bref, un prolongement de lui-même.

Mais au moment où Germaine Guèvremont rédige les contes qui prendront place dans la première édition d'*En pleine terre*, le Survenant n'est pas encore né, pas plus que Pierre-Côme Provençal. Non plus, du reste, que son fils Odilon Provençal. C'est pourquoi, dans « Un coup d'eau », ce dernier personnage s'appelle Grégoire Latraverse. Il ne prendra le nom d'Odilon Provençal que dans l'édition de 1946, postérieure au *Survenant*. D'autres noms seront également modifiés. Ainsi, le père de Didace s'appelle Anthime Beauchemin, dans la première édition, mais Didace, comme son fils[6], dans la seconde.

« Un coup d'eau » relate la terrible inondation de la Semaine sainte de 1865 (9-16 avril) qui fit trente-quatre victimes parmi les habitants de Sorel et des îles[7]. Cette catastrophe avait frappé les imaginations ; on se la remémorait tous les ans, au moment de la débâcle. Dans notre conte, c'est la mère de Didace qui en fait le récit, elle qui en fut témoin et qui faillit en être victime. Le père Didace évoquera à son tour l'« épouvantable débâcle », au chapitre XI du *Survenant* ; le recul lui permettra cependant d'en atténuer le caractère dramatique au profit de l'aspect anecdotique. Après tout, il n'était qu'un enfant au moment des événements.

La fin d'« Un coup d'eau » voit surgir Ludger Aubuchon, qui vient demander la main de Marie-Amanda. Comme on l'a vu plus haut, ce personnage s'appelait initialement Clovis, dans les contes de *Paysana*. Le nom de Ludger apparaît pour la première fois dans « Un petit Noël », mais il s'agit de Ludger Cardin, époux d'Angèle. Il faut attendre *En pleine terre* pour voir naître Ludger Aubuchon, issu de la fusion de ces deux personnages distincts que sont Clovis et Ludger Cardin. Ce faisant, Germaine Guèvremont confère unité et homogénéité à son recueil. Le « cavalier » de Marie-Amanda, auquel il est fait allusion dans les premiers contes, demande sa main dans « Un coup d'eau ». On les retrouve mariés, dans « Un petit Noël », qui clôt la première partie d'*En pleine terre*. Nous sommes un vendredi, la « veille de Noël ». On peut même préciser l'année : 1908[8]. Marie-Amanda est déjà mère d'une petite fille, nommée Mathilde (comme sa grand-mère), assez grande pour pouvoir courir « se blottir dans le creux [des] bras [de son père] », lequel lui chante des cantiques. On peut donc conclure qu'elle a près d'un an et qu'elle est née au début de l'année. D'autre part, Marie-Amanda « attend la maladie avant longtemps ». Le fils qu'elle mettra au monde en janvier ou en février 1909 s'appellera Éphrem, comme son oncle, mort noyé quelques mois auparavant.

Par ailleurs, le père Didace déplore, à la fin du chapitre II du *Survenant*, donc en octobre 1909, la stérilité de sa belle-fille Phonsine, lui reprochant, dans son for intérieur, de ne pas encore avoir d'enfant « après trois années de ménage ». Ce détail nous permet de fixer la date du mariage d'Amable et de Phonsine au mardi 19 juin 1906. « Une grosse noce » précise en effet que l'événement a eu lieu « le mardi de la troisième semaine de juin ». Le conte liminaire, intitulé « Chauffe, le poêle ! », doit donc se situer le 24 décembre 1905.

Cela dit, la chronologie interne d'*En pleine terre* reste assez floue. Malgré les efforts évidents que Germaine Guèvremont a tentés pour donner un peu de cohérence aux contes épars qu'elle a rassemblés dans son recueil, certains ne s'intègrent que bien imparfaitement à l'ensemble. Ou bien ils en sont étrangers par le sujet, comme « L'ange à Defroi » (sur lequel on reviendra), ou bien ils rompent le cycle des saisons en nous ramenant au printemps alors que nous étions déjà parvenus à l'automne. C'est le cas de « La visite du garde-chasse » et du « Coup d'eau », qu'encadrent « Vers l'automne » et « Une nouvelle connaissance », deux récits qui se situent à la saison de la chasse[9]. Quant à « Accord », hétérogène tant par la forme que par le contenu, il est intemporel.

En réécrivant « Un petit Noël » pour la première édition d'*En pleine terre* et en y substituant le couple Ludger Aubuchon/

Marie-Amanda au couple Ludger Cardin/Angèle, Germaine Guèvremont ne semble pas avoir pris garde à la place que « Le coup d'eau » occupait dans son recueil. Il est vrai qu'elle ne pouvait pas encore, en 1942, déterminer avec netteté la chronologie interne de l'œuvre. Mais en 1946, quand parut la deuxième édition, cette chronologie devenait beaucoup plus évidente, compte tenu des rapports que les contes d'*En pleine terre* entretenaient dès lors avec *le Survenant*, lequel fournissait des repères chronologiques précis. Dans « Prière », qui nous renvoie en mai 1906, Mathilde précise que son fils Éphrem a treize ans, tandis que, dans *le Survenant*, Marie-Amanda déplore que son frère se soit noyé alors qu'il « n'avait que seize ans », donc un peu plus de deux ans plus tard, à l'été 1908. Puisque la petite Mathilde est née dans les premiers mois de 1908, il faut faire remonter le mariage de Marie-Amanda et de Ludger Aubuchon en juin 1907 au plus tard. La demande en mariage peut donc dater d'avril 1907, donc avant le décès d'Éphrem. Comment alors expliquer que « Le coup d'eau » n'ait pas été ramené avant « Un malheur » ? Force est de conclure à la négligence. Germaine Guèvremont n'est en effet pas toujours très attentive aux détails. Ainsi, bien qu'elle s'efforce, dans *le Survenant*, de respecter le calendrier de l'année liturgique, elle situe par mégarde le premier dimanche de l'Avent en décembre[10], alors qu'en 1909 ce dimanche tombe le 28 novembre.

Pareilles inadvertances ne gênent évidemment pas la lecture ; seule l'analyse parvient à les mettre au jour. Pour nous en tenir à *En pleine terre*, on peut même faire l'hypothèse que Germaine Guèvremont a préféré en sacrifier la chronologie interne plutôt que de mettre entre « Le coup d'eau » et « Un petit Noël » une distance trop considérable. Dans la mesure où ces deux contes sont complémentaires, la place que la conteuse leur réserve dans l'économie générale de son recueil paraît parfaitement justifiée. Ces deux contes se répondent, comme se répondent « Chauffe, le poêle ! » et « Une grosse noce », auxquels ils font écho ; les uns concernent le couple Amable/Alphonsine, les autres, le couple

Marie-Amanda/Ludger Aubuchon. Que Ludger ait tant tardé à demander la main de Marie-Amanda, on ne saurait s'en étonner, son métier de navigateur l'obligeant à de longues et fréquentes absences, ainsi que Germaine Guèvremont a pris soin de nous en informer dès le début du recueil, dans « Chauffe, le poêle ! » et, surtout, dans « La glace marche ». Tous les ans, il n'attend que la débâcle pour repartir. Mais en cette veille du « coup d'eau » 1907, sa décision est prise : il ne partira pas. Bravant la tempête qui fait rage, il surgit chez les Beauchemin, bien décidé à épouser Marie-Amanda. « J'ai fait mon temps de navigateur et j'ai trois cents belles piastres de côté », annonce-t-il fièrement au père Beauchemin. Puis, s'enhardissant : « Quoi c'est que vous diriez si je la mariais, vot' fille ? » À quoi Didace répond tout simplement : « Je dirais... ah ! je dirais rien en tout. » Et le mariage est conclu.

Si l'on peut justifier la place qu'occupe « Un coup d'eau » dans *En pleine terre*, il est plus difficile de comprendre pourquoi Germaine Guèvremont y a inséré « L'ange à Defroi ». Ce récit tragique (autobiographique à certains égards) n'a pas plus sa place, au milieu des « paysanneries » consacrées au clan des Beauchemin, que les contes disparates regroupés à la fin du recueil.

Un veuf nommé Defroi, aussi orgueilleux que pauvre, a trois fils[11], grossiers, lâches « et maraudeurs en plus », et une fille en tout point différente de ses frères. « Fière, avec la blondeur du soleil en jeu sur l'eau de printemps, et des yeux du bleu des violettes surprises par l'aurore », Marie-Ange — tel est son nom — apparaît aux yeux de son père, qui ne vit que pour elle, comme « cette fleur miraculeuse venue parmi les herbes grossières ». À seize ans, elle découvre l'amour, en même temps qu'elle prend conscience de sa honteuse indigence. Alors, pour pouvoir gagner quelques sous et se vêtir convenablement, elle s'adonne, « beau temps, mauvais temps », à la chasse aux grenouilles, en l'absence de son père. Elle met ainsi sa santé en péril et finit par mourir. Fou de douleur, Defroi s'enfonce dans la solitude.

Par son goût pour la chasse, son caractère sauvage et le « mystère de son ascendance », Defroi apparaît comme un amalgame de Joseph-Jérôme Grignon, de Didace et du Survenant. Mais, on s'en doute, ce n'est pas ce qui explique la présence de « La fille à Defroi » dans la première partie d'*En pleine terre*. Le seul lien qui unit ce sombre récit aux « paysanneries », c'est la présence de deux des fils de Defroi aux noces de Phonsine et d'Amable. Le narrateur les qualifie de « jeunes gens bruyants et querelleurs ». On les verra réapparaître sporadiquement dans *le Survenant* et *Marie-Didace*. L'un s'appelle « Tit-Noir à De-Froi » ; son rôle est négligeable. L'autre, Beau-Blanc, est beaucoup plus lié à la famille des Beauchemin, où il exerce un emploi de « journalier », du moins jusqu'à l'arrivée du Survenant, après quoi sa présence se fait plus discrète. Le narrateur ne néglige jamais, à chacune des ses apparitions, de le qualifier de « mauvaise langue » et de « menteur », allant même jusqu'à reprendre textuellement, pour l'appliquer ici au seul Beau-Blanc, la formule utilisée déjà deux fois dans « La fille à Defroi » pour caractériser les trois frères, et devenue de ce fait quasi rituelle : « noir, chétif, peureux comme un lièvre et maraudeur en plus ».

*
*   *

Dans la première édition d'*En pleine terre*, les quatorze « paysanneries » sont suivies de trois contes : « Un vrai taupin », « Le bouleau d'argent » et « Les demoiselles Mondor ». Germaine Guèvremont ajouta un quatrième conte (« Le petit bac du père Drapeau ») dès la deuxième édition. Les deux premiers de ces contes avaient d'abord paru dans *Paysana*, tandis que le troisième avait été publié dans *la Revue moderne*, avant d'être repris dans *En pleine terre*, puis dans *Amérique française*. Quant au « Petit bac du père Drapeau », il ne parut dans *Paysana* qu'en 1943, après la publication de la première édition d'*En pleine terre*. Les différences que l'on peut observer d'une version à l'autre sont essentiellement d'ordre stylistique ; elles ne modifient ni la structure ni le sens du récit. Il est donc inutile de s'y attarder.

« Un vrai taupin » met en scène un poltron, Jacques Beaurivage, qui s'est fait une réputation bien injustifiée de brave le jour où, sous l'effet de l'alcool, il a sauvé un enfant d'une mort certaine. L'humour domine dans ce conte, Germaine Guèvremont n'hésitant pas à se moquer aussi bien des petites gens que des notables. Les uns sont naïfs et badauds, les autres, retors et mesquins. Mais, contrairement à Maupassant, qui méprise ses personnages, Germaine Guèvremont n'est jamais cruelle ; c'est un regard à la fois amusé et plein de tendresse qu'elle jette sur la société, à la manière du Daudet des *Lettres de mon moulin*.

La tendresse se mue même en pitié, dans le conte suivant, intitulé « Le bouleau d'argent », que l'on peut qualifier de drame de la désillusion. Une vieille fille, prénommée Émérence, fait abattre son bouleau, symbole d'un amour déçu et d'un bonheur illusoire. Sans s'en douter, sa sœur cadette, Élodie, aussi vaniteuse qu'étourdie, lui a dessillé les yeux en la mettant en relation avec celui qui fut jadis son amoureux et qui s'est depuis métamorphosé en goujat. Germaine Guèvremont dut éprouver un réel attachement pour son personnage de vieille fille trahie, puisqu'elle en tira une pièce radiophonique, qui fut diffusée sur les ondes de Radio-Canada, le 5 octobre 1945. L'importance qu'elle attachait à ce conte se révèle aussi dans ce que Gérard Genette a appelé le « paratexte », en l'occurrence l'indication du lieu et de la date de l'écriture : « Sous le bouleau d'argent. Saint-Donat [Laurentides], août 1941 ». Il est rare (pour ne pas dire rarissime) que Germaine Guèvremont éprouve le besoin d'ancrer un de ses récits dans le lieu même de sa genèse. L'exemple le plus célèbre — encore qu'il concerne une datation — se rencontre à la fin du *Survenant*, où sont précisés le début et la fin de la rédaction. Mais le destin d'Émérence ne préfigure-t-il pas, d'une certaine manière, celui de la pauvre Angélina ?

Le Pansu des « demoiselles Mondor » laisse pour sa part pressentir le Survenant, dont il constitue à la fois l'esquisse et la caricature, ainsi que nous avons eu l'occasion de le rappeler dans le chapitre précédent. Quant à Ombéline et Énervale Mondor, deux sœurs qui « approch[ent] de la soixantaine », elles rappellent Émérence et Élodie[12] tout en annonçant Angélina :

> ⌒ Sèches et ossues, jaunes de teint, [...] les filles à Déi Mondor avaient passé fleur depuis longtemps. [...] À cause de la dignité de leur maintien et d'une réserve exagérée dans leurs relations avec le voisinage, on ne les nommait pas autrement que : les Demoiselles. ⌒

Et, à l'instar d'Angélina, l'amour les transfigure :

> ⌒ Les Demoiselles, jadis austères et économes, s'adonnaient [pour l'amour de Pansu] aux frivolités et aux risettes à tous et à chacun [...]. [Elles] étaient constamment dans les rêves. L'amour, en premier dérouté dans les vieux pays de ces cœurs déserts, avait fait du chemin et s'attardait à plaisir dans la demeure tiède. ⌒

Pris en flagrant délit dans les bras d'une jolie « roussette », Pansu sera impitoyablement chassé par les deux sœurs outragées et trahies.

On a vu de quelle affection Germaine Guèvremont entoure l'Émérence du « Bouleau d'argent ». On peut en dire autant des « Demoiselles Mondor ». Publié d'abord dans *la Revue moderne*, en mai 1941, ce conte fut repris dans *En pleine terre*, en 1942, puis dans *Amérique française*, dans la livraison de juin-août 1949. La conteuse en fit ensuite une adaptation radiophonique, qui fut diffusée le 25 juillet 1954. L'année suivante, ce fut au tour de la télévision de s'emparer du sujet ; Yves Thériault avait été chargé de la dramatisation. Ne croirait-on pas que Germaine Guèvremont cherchait, par le truchement de la littérature, à exorciser le souvenir douloureux de la rivalité amoureuse qui l'avait dressée dans sa jeunesse contre sa sœur aînée Jeanne ?

Le dernier conte d'*En pleine terre* est infiniment plus serein. Il comporte deux parties. La première se passe dans la grisaille de l'aube, dans une « bâtisse » où le père Drapeau est gardien de nuit depuis trente longues années. On songe immanquablement au sort peu enviable du héros de *Trente arpents*, le malheureux Euchariste Moisan, exilé aux États-Unis et confiné dans un lugubre rôle de gardien de nuit au garage municipal de White Falls. Avec cette différence de taille, toutefois, que le père Drapeau, lui, en est à son ultime ronde. Dans une petite heure, il prendra une retraite bien méritée. Il pourra enfin réaliser son rêve et « passer ses grandes journées sur l'eau, à la clarté du ciel », à pêcher mollement, assis dans son petit bac. Conçu à la manière de certains des contes de Daudet, « Le petit bac du père Drapeau », avec ses animaux qui parlent, s'apparente à une fable pleine de fantaisie et de poésie, avec une bonne dose d'humour en prime.

*

* *

À l'instar des contes traditionnels, les « paysanneries » et les contes de Germaine Guèvremont sont situés dans un milieu modeste, celui du village, de la campagne. Si leur structure se rapproche de celle des contes merveilleux, ils s'en distinguent par l'absence de surnaturel. Contes réalistes, alors ? Oui, si l'on en juge par les personnages mis en scène et par le style de Germaine Guèvremont.

Les quatorze « paysanneries » composent, du moins pour la plupart, une série de tableaux liés par le retour des mêmes personnages, la famille Beauchemin, et par un certain nombre de procédés stylistiques récurrents, qui permettent à Germaine Guèvremont, nourrie de réalisme subjectif, de jouer sur la distance ironique et sur l'identification à ses personnages.

On ne voit que très rarement s'exhiber le narrateur et, quand d'aventure il s'introduit dans son récit, il s'efforce d'épouser le style de ses personnages pour mieux camoufler sa présence. Ainsi, la question qu'il pose à Phonsine, dont le teint s'est fané après un trop long séjour dans la métropole, pourrait-elle être mise au compte de n'importe quel des Beauchemin : « Phonsine, qu'as-tu fait des roses fraîches de tes joues et de la lumière de ton regard brillant[13] ? » Mais la réflexion qui suit lève toute ambiguïté : « Personne ne lui demande compte de son retour mais elle sent bien vite qu'elle en doit l'explication à ses amis », déclare une voix omnisciente, qui ne peut être que celle du narrateur.

Généralement, le récit est fait du point de vue du personnage. Par ailleurs, le recours à la troisième personne permet à l'auteur de prendre plus ou moins de distance avec les propos de ses personnages. En passant du récit impersonnel au style indirect libre (procédé de distanciation par excellence), le narrateur reprend en quelque sorte ses droits à l'ironie. Avec ses fréquents recours aux termes d'adresse, aux interrogations et aux exclamations, le style indirect libre convient en effet parfaitement à l'expression de la banalité ou de la naïveté :

> ∿ Mademoiselle Émérence soupire et branle la tête : toujours la même ! cette Élodie, de dix ans sa cadette, frivole, entichée de tout ce qui est à la mode, bon cœur, mais tête de linotte [...]. Un instant elle ferme les yeux. À travers la trame floue de son unique amour, la haute silhouette d'un jeune homme passe et repasse à vingt-cinq ans de distance. Avait-il la démarche fière et dégagée, l'amoureux de jadis ! L'allure d'un roi ! À le voir avancer sur la route, n'aurait-on pas juré que Dieu n'avait créé la merveille du monde que pour son bon plaisir ? Un véritable roi ! Et son regard myope, à travers le lorgnon, semblait chargé de tant de rêves ! Lorsqu'il s'adossait à un arbre pour réciter des vers, quelle voix plus douce et plus charmeuse aurait pu caresser une oreille[14] ? ∿

Il permet aussi de suggérer la familiarité qui, elle, expose à l'évidence la sympathie du narrateur pour ses personnages, partageant avec eux, par exemple, la douce euphorie d'une veille de Noël :

⁓ Deux fois déjà Éphrem, le cadet, a rempli la boîte à bois de bon merisier sec. Et chauffe, le poêle, chauffe ! que les tartes soient dorées, les gâteaux épanouis et que le père, la mère, l'aïeule, les filles, les garçons et les petiots aient le cœur content de se régaler dans la cuisine familiale, par la nuit miraculeuse qui s'avance[15] ! ⁓

Les dialogues, qu'ils reposent sur le discours direct ou sur l'un ou l'autre type d'énonciation rapportée (styles indirect ou indirect libre), ont pour fonction d'animer, de dramatiser le récit. En y introduisant, à la manière de George Sand dans ses romans champêtres, plus d'une centaine de régionalismes et de tournures populaires faisant couleur locale (du type « coquer de l'œil » [loucher], « hiver des corneilles », « ravauder » [rôder], « souleur » [pressentiment, peur], etc.)[16], Germaine Guèvremont s'attache à ressusciter le Chenal du Moine du début du siècle. Le choix des mots obéit chez elle à une double préoccupation, réaliste et esthétique. Ces vieux mots du cru lui plaisent par leur authenticité, leur sonorité, leur couleur et leur précision. Ils chatoient tout en créant un « effet de réel », aussi bien dans les dialogues que dans les descriptions.

Ces dernières se caractérisent par une sorte de réalisme subjectif s'appuyant sur une vision sensuelle du monde. Les plus réussies s'y enveloppent en effet d'un halo où dominent les sensations visuelles et auditives. La lumière leur confère déjà un caractère poétique qui ne fera que s'accentuer dans le Survenant et Marie-Didace, en particulier dans les descriptions de paysages, où vibre la sensibilité de l'auteur.

L'art de la description et la maîtrise de la dramatisation que manifeste Germaine Guèvremont dans En pleine terre laissent déjà pressentir l'œuvre romanesque à venir. Elle sait camper une scène, dessiner des personnages et animer un dialogue, toutes qualités qui font les grands conteurs. Aussi le recueil a-t-il suscité, dès sa parution, les plus vibrants éloges. La plupart des comptes rendus insistent sur la saveur du parler paysan, l'authenticité des personnages et la vérité du décor, saluant dans les « paysanneries » le don d'observation et la ferveur de Germaine Guèvremont à l'égard de ses créatures. D'un tableau à l'autre, le lecteur pénètre toujours plus avant dans l'intimité des Beauchemin, regrettant toutefois l'absence de liens rigoureux entre les diverses scènes, de même que l'intrusion, dans cet univers, de récits sans grand rapport avec lui, comme « Accord » et « L'ange à Defroi ». Car Germaine Guèvremont n'était pas prête, à cette étape, à composer un roman. Il lui fallait au préalable planter un décor et y faire se mouvoir des personnages. Après, seulement, pouvait-elle les jeter dans l'action et les mettre en position de se révéler. *En pleine terre* ne dépassait pas, à cet égard, le stade de l'ébauche, mais, pour qui savait lire, s'y laissait déjà deviner la promesse de l'épanouissement romanesque. Guy Jasmin l'avait bien compris, lui qui écrivait, dans *le Canada*, le 1er février 1943 :

> ∼ Rien n'est plus agréable que de pénétrer chez les Beauchemin et d'assister à l'arrivée des grandes et petites occasions dans cette maisonnée. Mme Guèvremont avait là, dans une douzaine de chapitres, dont elle a fait une série de tableaux distincts, tous les éléments d'un roman qu'elle n'a pas écrit, on ne sait pourquoi. Il ne lui eût suffi que d'un peu plus de travail pour lier le tout et lui communiquer par le fait même une vie plus intense. [...] Ce livre vraiment trop court pour un écrivain que l'on sent doué de plus de souffle, se termine par trois contes d'une animation qui vaut d'être signalée et dans lesquels resplendit encore une appréciable opulence de talent. ∼

Quant à la saveur et à l'authenticité de la langue, elles firent l'unanimité, comme on pouvait s'y attendre. Par ailleurs, certains critiques, peut-être moins sensibles au charme discret du Chenal du Moine, préférèrent aux « paysanneries » les contes qui complétaient le recueil. Ces contes ne sont certes pas dénués d'intérêt. Cependant, avec le recul, on se rend compte que ce ne sont pas eux, mais les « paysanneries » qui portaient en germe l'œuvre à venir. Avant d'être rassemblées dans *En pleine terre*, en 1942, ces « paysanneries » avaient connu une lente maturation et subi un certain nombre de métamorphoses.

La comparaison des diverses versions qui nous sont aujourd'hui accessibles est riche d'enseignements. D'étape en étape, par petites touches successives, se met en place l'univers guèvremontien, avec son décor qui se dessine, son atmosphère qui se précise peu à peu, ses personnages qui surgissent au terme d'une lente maturation et d'une série d'avatars. Joseph Beauchemin, type même du paysan conventionnel, cède imperceptiblement la place au père Didace Beauchemin, chef de clan, plus passionné par la chasse que par le travail de la terre, comme tout homme épris de liberté. Amable, le fils aîné, ne joue ici qu'un rôle mineur. Rien ne nous permet encore de deviner ses défauts, parce qu'aucun conflit ne l'oppose à son père. Il ne se manifestera pleinement, dans ce qu'il a de pleutre et de mou, que par contraste avec le Survenant. On peut en dire autant d'Alphonsine Ladouceur, dont la personnalité complexe se révélera dans l'épreuve. Quant à Marie-Amanda, la fille aînée, elle est déjà trop exemplaire, dans son rôle de femme forte, pour pouvoir réellement évoluer. Bonne ménagère, excellente cuisinière, toujours sereine, sa seule présence rassure et apaise. Il ne lui manque plus que la maternité pour atteindre à la perfection, et elle y accède dans la dernière « paysannerie ». Son mari, Ludger Aubuchon, reste finalement le personnage dont la gestation paraît avoir été le plus ardue. Ce n'est qu'au terme d'un long cheminement qu'il sort de cette sorte d'esquisse que représente Clovis, le « cavalier » de Marie-Amanda, dans « Le départ », première version de « La glace marche ». Le Ludger Cardin de la première version d'« Un petit Noël » constitue une seconde étape dans la genèse du personnage. L'ingéniosité de Germaine Guèvremont aura consisté à substituer Ludger Aubuchon à Ludger Cardin. Il lui aura suffi, en effet, pour faire rentrer ce conte excentrique dans l'univers des Beauchemin, d'évacuer Angèle, l'épouse de Cardin, et de la remplacer par Marie-Amanda. Le couple Cardin avait une petite fille de quatre ans, sans prénom. Germaine Guèvremont lui substitue la petite Mathilde, âgée de moins d'un an.

Mais le Chenal du Moine ne se limite pas à la famille Beauchemin. D'autres habitants de la paroisse font leur apparition dans *En pleine terre*, au terme d'une série de mutations. C'est ainsi, par exemple, que Pierre-Côme Provençal, avant de porter ce nom devenu si familier aux lecteurs du *Survenant*, s'était d'abord appelé Petrus Desmarais. Pour sa part, Jacob Salvail n'apparaît qu'après s'être successivement appelé Grégoire Sarrazin et Grégoire Latraverse. Ce Grégoire Latraverse a un fils qui porte le même nom que lui ; il surgit dans la première version d'« Un coup d'eau », avant de céder la place, dans la deuxième édition d'*En pleine terre*, à Odilon Provençal, fils de Pierre-Côme. Quant au patronyme Desmarais, Germaine Guèvremont le transférera, le moment venu, au père d'Angélina.

Ces tâtonnements, hésitations et transformations sont d'autant plus émouvants, dans leur maladresse, qu'ils nous font pénétrer au cœur même du mystère de la création littéraire. La lecture des diverses versions des contes d'*En pleine terre* nous permet en quelque sorte d'assister à la naissance d'un univers sortant peu à peu du chaos. On dirait un monde qui se met graduellement en place, qui prend forme et qui s'anime.

Rien n'est encore accompli. Certaines « paysanneries » s'intègrent mal à l'ensemble et rompent de ce fait la cohésion que, d'édition en édition, Germaine Guèvremont s'efforce de donner à son recueil. Mais les fils qu'elle tisse d'un conte à l'autre et la structure cyclique dans laquelle elle tente de les faire entrer suffisent à leur conférer un minimum d'unité. Bien qu'encore un peu vague, le décor du Chenal du Moine est planté : le Survenant peut paraître. Alors les lacunes s'évanouiront comme par enchantement. Les personnages, jusque-là un peu passifs, comme dans l'attente du drame qui saura les révéler à la fois à eux-mêmes et aux autres, s'animeront.

*

*　*

Le Survenant (1945) et Marie-Didace (1947) forment les deux volets d'un diptyque. Ensemble, ils constituent la pièce maîtresse de l'œuvre de Germaine Guèvremont ; aussi la seconde partie de la présente étude leur est-elle tout entière consacrée. Dans un premier temps, on analysera et on commentera chacun des deux romans. Les chapitres suivants examineront successivement le temps et la structure, l'espace et les personnages, l'art de Germaine Guèvremont et la réception que la critique a faite à son œuvre romanesque.

Notes

1.　« Pays-Jasettes », *Paysana*, décembre 1939, p. 20.

2.　Germaine Guèvremont avait écrit « par ce matin d'avril », dans la première version. Elle y substitua ensuite le mois de mars, ce qui est plus approprié, étant donné que ne sont décrits ici que les signes avant-coureurs du printemps.

3.　L'île où habitent les Aubuchon n'est pas nommée, mais sa position par rapport à Sainte-Anne-de-Sorel indique assez qu'il peut s'agir de l'île de Grâce, ainsi que le précisera *le Survenant* (chap. VIII, p. 82).

4.　*Le Survenant*, chap. XIV, p. 154-155. Cette description du printemps fait écho à celle de l'automne ; voir chap. VI, p. 63-65.

5.　« Dans une jonchaie, un midi de juillet », précise Germaine Guèvremont dans *Marie-Didace*, seconde partie, chap. III, p. 191. Voir aussi *le Survenant*, chap. IX, p. 87 : « Éphrem s'est noyé, un midi de juillet ; il n'avait pas seize ans ».

6.　Ce fils, Germaine Guèvremont l'appelle par mégarde Jérémie au haut de la page 99, mais Didace partout ailleurs. « Jérémie » serait-il le dernier vestige d'une version antérieure perdue ?

7.　Voir Walter S. White, *le Chenal du Moine, une histoire illustrée*, Sorel, Éditions Beaudry & Frappier, 1980, p. 105-113.

8. Germaine Guèvremont avait sans doute 1909 en tête, le 24 décembre tombant précisément un vendredi cette année-là. Mais compte tenu de la chronologie interne du *Survenant* et de *Marie-Didace*, seule l'année 1908 peut être retenue. Notons au passage que la date de construction des deux granges du père Didace, au chapitre IV du *Survenant*, avait d'abord été fixée en 1909 avant d'être ramenée en 1908 dans la dactylographie.

9. Notons que « Deux voisins plaident », « La visite du garde-chasse », « Le coup d'eau » et « Une nouvelle connaissance » n'avaient pas préalablement paru dans *Paysana*. On peut donc se demander pourquoi Germaine Guèvremont ne les a pas regroupés entre « Accord » et « Un malheur ».

10. *Le Survenant*, chap. VIII, p. 75. Les versets que le curé lit en chaire, pages 79 et 80, sont extraits de l'Évangile de la messe du premier dimanche de l'Avent.

11. Ils n'étaient que deux dans la première version, publiée dans *Paysana*, vol. 1, n° 11, janvier 1939, p. 10-11.

12. En réalité, le conte intitulé « Les demoiselles Mondor » est antérieur au « Bouleau d'argent » ; le premier a paru en mai 1941 ; le second, daté du mois d'août, a été publié en octobre 1941. Il serait donc plus juste de dire qu'Émérence et Élodie « rappellent » Ombéline et Énervale. Mais ce faisant, on ne respecte pas l'ordre que Germaine Guèvremont a cru devoir imposer à ces deux contes dans *En pleine terre*.

13. « Chauffe, le poêle ! », *En pleine terre*, 1976, p. 18.

14. « Le bouleau d'argent », *En pleine terre*, 1976, p. 109-110.

15. « Chauffe, le poêle ! », *En pleine terre*, 1976, p. 11-12.

16. On trouvera une liste de ces régionalismes dans le lexique qui suit la dernière édition d'*En pleine terre* (Fides, 1976, p. 133-138).

~

SECONDE PARTIE

GERMAINE GUÈVREMONT, ROMANCIÈRE

CHAPITRE 5

~

LE SURVENANT

Conformément à la tradition du roman réaliste, Germaine Guèvremont situe d'entrée de jeu le cadre du *Survenant*. La première phrase précise en effet l'époque (« Un soir d'automne ») et le lieu (« au Chenal du Moine »), puis expose les circonstances (« comme les Beauchemin s'apprêtaient à souper ») dans lesquelles se produit un événement imprévu, susceptible de modifier en profondeur l'univers ainsi perturbé dans sa routine : « des coups à la porte les firent redresser ». Qui est-ce ? La phrase suivante répond à cette question implicite : « C'était un étranger. » Quelques traits judicieusement choisis suffisent à le décrire (c'est un homme « de bonne taille, jeune d'âge ») et à le caractériser, le « paqueton » qu'il porte au dos constituant l'attribut du nomade que la faim pousse à faire irruption dans l'intimité d'un univers clos.

Comme il l'expliquera plus tard au père Didace, c'est parce qu'il « finissai[t] de naviguer, [qu'il avait] bu [son] été ... puis [que] l'hiver serait longue » (chap. XIV, p. 159) que le Survenant s'est arrêté au Chenal du Moine, afin d'y trouver refuge pour l'hiver, bien décidé toutefois à reprendre la route dès le retour du printemps. Et s'il frappe à la porte des Beauchemin, c'est que, « parmi les maisons espacées et pour la plupart retirées jusque dans le haut des terres » du Chenal, la leur est située « près du chemin du roi » (chap. II, p. 24).

L'hospitalité que lui offre celui qui paraît être le chef de famille, « le père Didace », est aussi franche et spontanée que le signe d'acceptation et les paroles empreintes de jovialité et de familiarité de l'étranger, qui se comporte non pas à la manière d'un mendiant demandant la charité, mais comme un homme libre et indépendant.

Ayant accepté l'invitation de Didace, le Survenant pénètre dans le cercle familial. Après s'être débarrassé de son baluchon et de son *mackinaw* usé, il s'apprête à passer à table, non sans toutefois s'être d'abord livré au rite purificateur de l'ablution. L'immersion à laquelle il se livre, dans un geste régénérateur, amène un changement d'état : en acceptant le gîte et le couvert que lui offre le père Didace, l'étranger abandonne un temps sa vie de nomade pour se fixer chez les Beauchemin. Mais bien qu'il consente à partager leur repas et leur existence, le « Survenant », ainsi que l'a baptisé Didace, ne se transforme pas pour autant en paysan. Lui, dont les « mains extraordinairement vivantes » et la magie des gestes fascinaient tout à l'heure les convives, continue de se singulariser, une fois à table, en rompant le silence dans lequel les autres paraissent s'enfermer. Le jugement qu'il se permet alors de porter sur la qualité du thé qu'on vient de lui servir révèle son statut d'homme de chantier. Par rapport aux gens simples, renfermés et assez frustes qui l'entourent, le Survenant fait figure d'homme sain, sûr de lui, sans complexes, doué de ce fait d'une formidable puissance de séduction. Didace, qui est moins un paysan qu'un chasseur dont le regard « [porte] loin », est le premier à se reconnaître en cet étranger et à apprécier ses qualités d'énergie, de franchise et de droiture. Il ne tarde donc pas à l'adopter, ainsi que le montre l'accord qu'il scelle, la main sur l'épaule du Survenant, à la fin du chapitre.

Mais ce monde dans lequel l'étranger vient de pénétrer, quel est-il ? Le chapitre II, qui se situe chronologiquement avant le chapitre premier et qui sert ainsi de véritable introduction, répond à cette question en nous présentant le Chenal du Moine, petit univers assombri par l'inquiétude et les « ombres crépusculaires ».

L'habileté de Germaine Guèvremont est d'avoir en quelque sorte inversé les deux premiers chapitres de son roman. L'irruption d'un séduisant et énigmatique étranger dans un monde clos constitue en effet un moyen autrement plus efficace pour capter l'attention du lecteur que la lente et minutieuse exposition de la situation, qui sert traditionnellement d'ouverture dans un roman de la terre. Ce faisant, Germaine Guèvremont renouvelle un genre usé, voué jusque-là tout entier à la fidélité à la terre et aux traditions paysannes. Ce monde figé et étroit du paysan attaché à sa parcelle de terre, le Survenant, par sa seule présence, en révèle les limites et suscite, en même temps que l'esprit critique, une soif plus ou moins grande de liberté. Après son passage, la terre ne pourra plus jamais être le mythe creux et absurde que l'idéologie dominante avait patiemment construit depuis un siècle.

Après la présentation du Survenant, puis des principaux personnages du Chenal du Moine, l'auteur revient sur le personnage d'Angélina et précise le portrait déjà esquissé dans le chapitre II.

Une visite chez sa voisine Alphonsine la met pour la première fois en présence de l'étranger, arrivé au Chenal depuis quelques jours seulement. Sa désinvolture, son « grand rire clair » et sa mine avenante la conquièrent, provoquant chez elle une brusque « montée de sang ». Ce bouleversement, qu'elle n'avait jamais encore éprouvé, ne peut que l'effrayer par sa violence, mais pas au point de lui faire renier l'étrange et délicieux émoi que l'ardeur de cette sensation inédite devait provoquer durablement en elle et qui s'apparente à l'amour-passion.

Le chapitre IV se situe dans le sillage du chapitre I, qu'il vient préciser et compléter.

Amable et Phonsine aimeraient bien voir disparaître le Survenant, lui qui a tout l'air de vouloir s'incruster chez les Beauchemin. Cet intrus perturbe leur petit univers douillet, mais, pour comble de malheur, le père Didace s'est pris d'amitié pour lui. Et voilà qu'il va maintenant signer un pacte avec celui dont il apprécie la « façon droite de parler », le « langage de batailleur ».

Le chapitre suivant se situe dans le prolongement du chapitre II, où nous ont été présentés quelques-uns des habitants de la paroisse.

Il a suffi que le Grand-dieu-des-routes fasse irruption au Chenal du Moine pour que la maison des Beauchemin retrouve comme par enchantement « sa vertu chaleureuse ». « Curieux d'entendre ce que le Survenant pouvait raconter du vaste monde », tous accouraient chez les Beauchemin. « Tous les soirs [...] la cuisine s'emplissait », précise le narrateur, qui ajoute : « Didace ne cherchait plus à s'éloigner de la maison. »

Comme un conteur au milieu d'un cercle d'auditeurs, le Survenant, par la magie de sa parole, fait éclater le cadre étroit du pays qui, pour les gens frileux du Chenal du Moine, tient « tout entier entre Sorel, les deux villages du nord, Yamachiche et Maskinongé, puis le lac Saint-Pierre et la baie de Lavallière et Yamaska, à la limite de leurs terres ». Rien ne saurait plus efficacement caractériser l'opposition des deux cultures représentées ici par le nomade d'une part et les sédentaires d'autre part que les chansons qu'un soir chantent à tour de rôle le père Didace et le Survenant. L'une, intitulée *Causerie d'amour,* est une chanson traditionnelle au charme vieillot, pendant que l'autre, la *Petite Tonkinoise* de Villard et Scotto, était à la mode précisément dans les années 1900, sans toutefois avoir encore franchi les limites des grandes villes. C'est pourquoi au Chenal « personne n'y comprit rien, sinon que l'air en était enlevant et que les pieds d'eux-mêmes battaient la mesure sur le plancher ».

Talentueux, l'étranger sait aussi jouer du piano, au plus grand plaisir d'Angélina qui, par ce moyen, pourra l'attirer chez elle puisqu'elle possède un harmonium. Mais le Survenant est d'abord et avant tout un homme travailleur, habile et ingénieux ; aussi beaucoup de cultivateurs se mirent-ils « à regretter qu'il n'eût pas échoué chez eux plutôt que chez les Beauchemin ». Sauf Pierre-Côme Provençal, aussi borné et buté qu'Amable, tous sont sous le charme.

Mais la plus éprise est évidemment Angélina, qui s'évertue, soir après soir « à inventer des raisons à peine plausibles » pour se rendre chez les Beauchemin. Le narrateur profite de l'occasion qui lui est ici offerte pour compléter le portrait de l'amoureuse, esquissé aux chapitres II et III.

Les deux chapitres suivants, qui se situent peu après cette veillée chez les Beauchemin, sont consacrés au paradis de la chasse que sont les îles de Sorel.

Mis en éveil par ce chasseur de canards invétéré qu'est le père Didace, le Survenant entreprend seul, et en tapinois, une lente excursion en canot parmi les îles jusqu'au grandiose lac Saint-Pierre afin de voir par lui-même la « mer de canards » qui s'y sont rassemblés une dernière fois en attendant le signal de la migration vers le sud. L'émerveillement qu'éprouve l'étranger à la découverte des îles puis des milliers d'oiseaux sauvages se double d'une intense émotion.

De retour à la maison, le Survenant apprend de la bouche d'Alphonsine, inquiète et de mauvaise humeur, que le père Didace est allé passer la nuit à son affût de la baie de Lavallière pour y chasser le canard.

Au cours de la nuit qui suit son retour de la chasse, le père Beauchemin ressent à l'épaule gauche le premier symptôme de l'angine de poitrine qui l'emportera huit ans plus tard, en août 1917[1]. Dès l'aube, avant même le train de l'étable, Didace se rend au bord de l'eau : déjà la glace se forme dans les anses et une gelée blanche fait « grisonner » la terre. Et c'est alors qu'il découvre avec consternation que son canot a disparu ! Il part toutes affaires cessantes à sa recherche. Mais deux jours d'efforts n'ayant donné aucun résultat, le Survenant lui propose de lui en fabriquer un autre, ce qui ne manque pas de susciter la moquerie d'un Amable incrédule.

Ces deux chapitres VI et VII marquent un net ralentissement du rythme qu'avait pris le roman dès la première page, et on retombe dans la routine qui devait être celle du Chenal du Moine avant l'arrivée du Survenant. C'est le rythme propre au roman paysan, suivant le cycle immuable des saisons. Mais la présence du Survenant confère à cette routine un relief et une saveur dont elle est généralement dénuée.

Quand s'ouvre le chapitre VIII, nous sommes un matin de décembre, plus précisément le premier dimanche de l'Avent, ainsi que le narrateur prend la peine de l'indiquer un peu plus loin, en citant des extraits de l'« Évangile du jour ».

Pour la première fois depuis le début du roman, nous quittons le Chenal du Moine et les îles pour Sainte-Anne-de-Sorel. Les Beauchemin se préparent comme tous les dimanches à partir pour la grand-messe, ce qui est toujours un « aria » pour Alphonsine. L'humour de Germaine Guèvremont s'exerce ici aux dépens de la jeune femme, empêtrée dans son rôle accablant de « maîtresse de maison », obligée de vaquer au repas et au ménage et d'aider les hommes à s'habiller.

Au retour de la messe se mettent à voltiger les premiers flocons de neige que les hommes avaient appelés de leurs vœux. Quelques jours plus tard, il neige à plein ciel : « l'apaisement [s'installe] dans la maison. »

L'hiver est en effet la saison chaleureuse par excellence. La maison, bien chauffée, devient le centre du monde, avec ses joyeuses soirées, ses bons repas du temps des fêtes. Le « cocon » familial est synonyme de bien-être et de sécurité. Le temps semble s'immobiliser, comme la nature. C'est la saison où tout repose, dans le calme et la sérénité. Dans ce contexte, l'arrivée de Marie-Amanda — l'épouse et la mère modèles, aux yeux de Didace et de tous les habitants du Chenal — ne saurait être plus opportune. Noël approche. Digne héritière des Beauchemin (par contraste avec son frère Amable), Marie-Amanda vient combler le vide qu'a laissé sa mère. Pour quelques jours, l'amère réalité du deuil s'évanouit et l'image du bonheur passé semble renaître.

« Ce fut à partir de ce moment que la maison recouvra vraiment le don », écrit le narrateur au début du chapitre IX, qui marque une halte dans le déroulement du récit. Le Survenant a redonné vie à Didace, mais seule une femme pouvait redonner vie à la maison.

Le chapitre X qui est, avec le chapitre XV, le plus long du roman, en constitue à la fois le centre et le pivot. Comme le chapitre précédent, dont il prolonge l'atmosphère de fête et de gaieté, il représente une halte dans le récit, un palier, le bref instant d'équilibre au bout d'une lente montée précédant un insensible déclin.

L'action se concentre sur trois jours : le 31 décembre (Sorel), le 1er janvier (chez les Beauchemin) et 2 janvier (fricot chez les Salvail). Et ces trois jours marquent précisément le passage d'une année (1909) à une autre (1910).

La fête chez les Salvail, qui occupe ici la première place, redonne au Survenant le rôle principal, qui lui avait été subtilisé au profit de Didace (chapitres VI-VIII), puis de Marie-Amanda (chapitre IX) depuis la soirée type du chapitre V chez les Beauchemin, à laquelle l'actuel fricot fait écho.

Un moment rompu, l'équilibre se rétablit et les personnages prennent clairement leur place sur l'échiquier :

1) Le Survenant boit : Didace le sait déjà, lui qui l'accompagne volontiers dans sa tournée des hôtels de Sorel. Alphonsine en a la preuve le 2 janvier au midi, quand le Grand-dieu-des-routes rentre « une bosse au front et le côté droit de la figure [...] tuméfié », après sa première fugue. Enfin, Bernadette Salvail le découvre à son tour : elle en est scandalisée et profondément déçue.

2) Le Survenant se fait ouvertement le protecteur d'Angélina, en butte à la malveillance d'Odilon Provençal, ulcéré de la voir maintenant s'intéresser au Survenant. La rivalité latente éclate ici au grand jour et débouche sur sa conséquence logique : la bataille

qui clôt le chapitre et dont le Survenant sort vainqueur après avoir écrasé son adversaire. Ce dernier disparaît du décor.

Mais cette bataille produit d'autres effets. Didace éprouve fierté et orgueil à voir « son poulain » triompher d'Odilon. Cette rivalité double exactement celle qui l'oppose à son ami et adversaire de toujours, Pierre-Côme Provençal, au point de retrouver pour un instant l'époque bénie de ses trente ans : « Un premier fils lui est né », et ce fils c'est le Survenant, et non cette mauviette d'Amable. « Le règne des Beauchemin n'aura jamais de fin », conclut-il, effaçant d'un trait la triste réalité qui est devenue la sienne au fil des ans. Les gens du Chenal admirent eux aussi le Grand-dieu-des-routes qui « grandit en estime et en importance ». En revanche, Pierre-Côme, blessé dans son orgueil, et Amable, que l'étranger remplace de plus en plus ouvertement comme « fils » de Didace, le détestent encore plus qu'avant.

On notera finalement qu'en plus de montrer au cours de ce chapitre sa véritable nature, le Survenant révèle pour la première fois l'existence d'un personnage appelé à jouer par la suite un rôle capital, surtout dans *Marie-Didace* : l'Acayenne.

La poussière une fois retombée, on retrouve, avec le chapitre XI, la routine des travaux et des jours. Mais la rossée qu'a reçue Odilon a montré aux yeux de tous que le Survenant est désormais le « cavalier » d'Angélina. Le froid que cette bataille a par ailleurs jeté a pour effet d'isoler temporairement les Beauchemin du reste de la paroisse : les habitants attendent que « la lie dépose » avant de revenir y passer la veillée, comme ils en avaient pris l'habitude depuis le chapitre V. Cette interruption ne gêne cependant ni Didace ni le Grand-dieu-des-routes, qui a transformé le fournil en menuiserie-ébénisterie. Le commerce du meuble devient grâce à lui « comme une partie permanente de la terre » et Phonsine elle-même redécouvre le plaisir d'acheter et de moderniser la maison. Au centre de l'univers ainsi chambardé des Beauchemin, le Survenant imprime la marque de son autorité, en même temps qu'il révolutionne la vie traditionnelle de ces paysans, car il a eu l'habileté d'associer toute la famille à ses activités commerciales.

Aussi les jours filent-ils et, le récit s'accélérant, voilà que l'hiver tire à sa fin.

Profitant de leurs fréquents voyages d'affaires à Sorel, Didace et le Survenant satisfont leur goût commun pour l'alcool. Mais le manque d'ouvrage et l'annonce prochaine du printemps réveillent dans le cœur du Grand-dieu-des-routes une autre passion encore plus tyrannique : la liberté. Sans travail pour lui faire oublier la route, le Survenant, qui paraissait pourtant s'être installé à demeure au Chenal du Moine, ne tient plus en place. Il a beau chercher à s'occuper — en retressant, par exemple, le nerf d'une paire de vieilles raquettes, sous le regard médusé de Didace —, rien n'y fait : il lui faut rompre avec la grisaille. La nostalgie le tenaille. Dans l'espoir de le distraire, Didace lui raconte des histoires d'inondations ; mais les récits du vieux temps n'exercent aucun pouvoir sur le Survenant, désormais habité par sa seule passion et sourd à tout appel. Au passé héroïque des habitants du Chenal du Moine, il oppose l'excitante « animation des grands ports » et la griserie des départs vers l'inconnu. Le fossé, apparemment comblé, entre le sédentaire et le nomade, se creuse brusquement, ce que le narrateur a fort bien su exprimer en ponctuant comme avec entêtement les divers récits de Didace d'un désespérant octosyllabe : « Le Survenant ne broncha pas. » La belle harmonie qui régnait entre les deux compères au début du chapitre vient de s'effriter. Alors, Didace, qui ne craint rien tant que de perdre le jeune étranger et de voir s'évanouir l'enchantement, tente un suprême effort. En lui payant un voyage à Montréal, peut-être sa fringale sera-t-elle satisfaite et reviendra-t-il définitivement à la maison ? Cette tactique, qu'Amable ne manquera pas de trouver mauvaise, réussira.

Le Survenant avait bien fait une première et brève fugue la veille du Jour de l'an (chapitre X), mais le voyage qu'il entreprend maintenant, en ce début de printemps, est autrement plus significatif. Son absence, qui durera huit longs jours pendant lesquels on craindra plus d'une fois qu'il ne revienne pas, s'apparente à une péripétie dramatique et laisse présager le départ définitif de l'automne suivant. Ce faux départ nous rappelle aussi que, dans la première version du chapitre XVII, publiée en 1943 dans *Gants du ciel*, c'était bel et bien au printemps, au bout de six mois de séjour, que le Survenant quittait le Chenal du Moine.

Quand commence le chapitre XII, huit jours se sont écoulés, et le Grand-dieu-des-routes n'est toujours pas revenu. Alors qu'on le croyait à Montréal, en train d'y « faire des marchés » et de se procurer des outils, voilà que Beau-Blanc, l'« oiseau de malheur », déclare que le Survenant a passé la semaine à Sorel à boire l'argent que lui avait prêté le père Didace ! Amable, toujours envieux, s'empresse d'annoncer qu'il révélera tout à Angélina : ainsi pourra-t-il assouvir sa vengeance. Mais Phonsine l'en dissuade, par égard pour l'amoureuse et pour éviter une nouvelle fois que soit portée atteinte à l'image de l'étranger.

Cette attitude ambivalente, faite de rejet et de pitié tout à la fois, Phonsine aura justement l'occasion de la manifester, puisque le Survenant rentre ivre à la maison, au moment où elle est précisément seule. Ce retour pathétique permet de relancer le roman, mais l'image de l'étranger est désormais un peu ternie. Écrasé sur une chaise, le Survenant macule de boue le parquet frais lavé, provoquant de nouveau l'indignation de la jeune femme, comme quand, au début du roman, l'étranger faisait jaillir l'eau hors de l'évier. Mais c'est la solitude et la faiblesse cachée du Survenant qui semblent le plus émouvoir la fibre « maternelle » de Phonsine, elle-même timorée et angoissée. Son cœur n'est pas non plus indifférent, et la pitié qu'elle éprouve pour celui dont « personne ne prend soin » se mue insensiblement en attendrissement, puis en affection.

Au lieu du « fend-le-vent » habituellement fanfaron et hâbleur, l'ivresse met ici pour la première fois à nu un grand enfant solitaire et fragile : le Survenant souffre en effet de l'injuste mépris dans lequel trop de gens le tiennent, au Chenal du Moine, lui qui respecte le père Didace et qui s'est montré digne de son hospitalité aussi bien que de sa chaude amitié. Incapable de supporter le poids de l'angoisse qui l'étreint, il pleure « à chaudes larmes », puis régressant pour ainsi dire jusqu'au stade de l'enfance, il tente de retrouver l'émerveillement qui était le sien à l'époque où il croyait que « le soleil danse le matin de Pâques ».

Mais outre sa détresse, le Survenant révèle, dans son discours incohérent, que le père Didace projette d'épouser l'Acayenne. Cette révélation, on s'en doute, ébranle Phonsine : elle risquerait ainsi de perdre son titre de « reine et maîtresse du foyer » et Amable serait déshérité. Ils se retrouveraient tous deux « dans le chemin », condamnés à mendier. Cette inquiétude absurde, fruit d'un profond sentiment d'insécurité lié à son enfance d'orpheline, se transformera peu à peu en une véritable obsession qui la conduira dans *Marie-Didace* jusqu'à la démence.

On le voit, ce chapitre XII est important en ce qu'il met à nu la fragilité d'Alphonsine et le manque de maturité du Survenant, tout en laissant planer l'ombre de l'Acayenne sur la famille Beauchemin.

Le chapitre suivant nous montre qu'Angélina et le Survenant ont connu, depuis le début du roman, une évolution psychologique opposée, qui s'apparente à la figure du chiasme, ou croisement : pendant que l'amour a transformé une infirme avare et plutôt laide en une femme embellie, sûre d'elle et prête à risquer son argent, l'alcool a fait du Survenant, fier et altier, un homme apparemment résigné à toutes les compromissions pour satisfaire sa passion. La suite des événements se chargera cependant d'atténuer fortement ce chiasme.

Les deux premières pages du chapitre XIV sont consacrées à une magnifique description du printemps, qui fait écho à la description que le narrateur donnait de l'automne au chapitre VI. Après le long apaisement de l'hiver, voici la vie qui renaît sous toutes ses formes : eau, plantes et animaux, et en particulier les canards sauvages, qui réveillent chez Didace le vieil instinct du chasseur. Parallèlement, Marie-Amanda vient présenter à son père son troisième enfant, auquel elle a récemment donné naissance.

Après la double crise des dernières semaines, au cours desquelles Didace et Angélina ont tour à tour tenté d'intégrer le Survenant dans la collectivité, chacun semble retrouver son équilibre. En ne lui reparlant plus de son « habillement » extravagant et de sa passion pour l'alcool, Angélina et Didace paraissent avoir enfin résolu de respecter la personnalité originale du Grand-dieu-des-routes. En s'efforçant de ne plus boire et en accordant tous ses soins aux travaux de la ferme, aussi bien chez les Beauchemin que chez les Desmarais, l'étranger donne à tous l'impression d'être rentré dans le rang, après ses écarts, et de vouloir se fixer au Chenal du Moine en épousant Angélina. Cette nouvelle attitude, qui fait oublier sa fugue de huit jours, puis sa trahison du Samedi saint, lui redonne prestige et ascendant. Ce n'est plus en enfant imprévisible et irresponsable qu'on le traite dorénavant, ni même en « fils », mais en maître, capable de faire des projets pour l'avenir et disposé à appliquer son génie inventif à l'amélioration de la production agricole.

« Vers le milieu de mai », au moment où les Beauchemin s'apprêtent à réintégrer le fournil, qui avait été transformé en menuiserie durant l'hiver, Beau-Blanc annonce tout excité qu'il a retrouvé le canot du père Didace, « à la sortie du chenal de l'Île aux Raisins ». Didace et le Survenant partent toutes affaires cessantes en expédition, dans l'intention de le récupérer. Et l'on assiste une nouvelle fois, à travers les yeux du Survenant, à une description des îles et des grands arbres bourgeonnants.

La « lumière toute chaude de promesse, de vie, d'éternels recommencements » exerce sur l'étranger une fascination qu'il n'avait encore jamais ressentie. Le rythme qui s'en dégage est en effet synonyme de stabilité, de solidité et de sécurité, et il influe sur le Survenant, qui sent en lui une « ardeur nouvelle », une force qui le pousse précisément à « bâtir une maison de pierre ». Lui, l'aventurier incapable de rester en place, le voici qui éprouve soudain le désir de se fixer, de s'amarrer aux îles, dans une maison solide. Comme ses ancêtres ? Voilà justement qu'il se découvre des liens de parenté probables avec le père Didace. Le récit « en abyme » (ou récit dans le récit) que ce dernier fait en effet des deux frères Beauchemin, dont l'un, son ancêtre appelé le « Grand », s'est fixé au Chenal du Moine, pendant que l'autre, le « Petit », « a continué son chemin tout seul », annonce et résume tout à la fois le destin de Didace et du Grand-dieu-des-routes. En voulant « s'attacher le Survenant », dans l'espoir de faire de cet aventurier son héritier, son nouveau fils, Didace rêve. Les Beauchemin se sont enracinés au Chenal, mais le descendant du « Petit » ne pourra, lui, que repartir un jour prochain... fidèle en cela à son personnage de bourlingueur.

À ce récit plutôt compassé succède la scène du canot retrouvé et de la colère de Didace contre le voleur. Cet intermède, assez comique, sert à détendre l'atmosphère, qui risquait de devenir passablement lourde, le roman ayant pris une allure un peu mélodramatique.

L'arrivée soudaine de Pierre-Côme Provençal dans le décor réveille en Didace la hantise de sa succession. Le contraste cruel entre Amable et les quatre fils Provençal ne peut que susciter d'amères réflexions. Didace a beau évoquer son passé héroïque, rien ne saurait le consoler de la mort de son fils Éphrem et de son épouse Mathilde. C'est alors que le Survenant lui suggère de se remarier. Cette idée, qui eût paru absurde venant d'un autre, illumine le père Beauchemin, habitué à boire les paroles du Survenant. Ainsi, le problème qu'il avait fini par croire insoluble trouve-t-il une solution capable de débloquer la situation : Amable est inapte à lui succéder ; le Survenant, il ne faut plus compter sur lui : ou il repartira, ou il épousera Angélina et prendra la succession de David Desmarais. Il ne reste donc plus à Didace qu'à prendre son propre destin en main et à élever une nouvelle famille en épousant l'Acayenne.

De cette manière, le Survenant s'efface et cède la place à l'Acayenne, mettant du même coup en place un mécanisme qui pourra relancer l'œuvre, le moment venu. Le roman allait en effet se trouver dans une impasse : ou le Survenant épouse Angélina, solution banale et assez invraisemblable, ou il repart et tout redevient comme avant, du moins chez les Beauchemin, ce qui enlève à peu près toute justification à son irruption au Chenal du Moine. L'entrée en scène de l'Acayenne représente donc à cet égard une très ingénieuse péripétie : le roman prendra dès lors une nouvelle direction.

Les chapitres X et XV, les plus longs du roman, présentent quelques analogies : couple Survenant/Angélina, attitude aguichante de Bernadette Salvail, combat et ivresse, avec cette particularité qu'ils se situent en quelque sorte aux antipodes, le premier se déroulant au solstice d'hiver, l'autre au solstice d'été. Tout ce qui était en germe dans le chapitre X s'épanouit ici, tout en laissant deviner la fêlure annonciatrice de la fin d'une époque. Rien n'est plus révélateur à cet égard que la rapide ablution qu'il fait ici avant de se rendre chez Angélina et qui rappelle la toilette du chapitre I. Certes il a pris de l'assurance depuis, et il sait maintenant manœuvrer la pompe de la cuisine des Beauchemin sans faire déborder le baquet et inonder le plancher de bois ; mais la désinvolture est restée intacte. Cette insouciance se manifeste aussi à l'égard des femmes. Angélina a beau « lui faire une place à ses côtés » dans la balançoire dès qu'elle le voit arriver, lui préfère se précipiter dans la maison et s'installer à l'harmonium pour satisfaire son plaisir personnel. Quant à Bernadette Salvail, elle ne peut que constater, dépitée, que son entreprise de séduction, qui déplaît fort à Angélina, n'a aucun effet sur le Survenant. L'indifférence complète qu'affiche l'étranger, la belle Bernadette en avait déjà fait la cruelle expérience au chapitre X : on en a ici comme un écho.

La scène suivante nous conduit à Sainte-Anne-de-Sorel. À bord de la voiture, le Survenant, qu'Angélina a convaincu de partir en promenade dominicale avec elle, assiste d'abord à une partie de croquet (décrite avec beaucoup de verve) avant de révéler son étrange attachement au Chenal. Ce qui le retient dans ce petit coin de pays, il ne saurait lui-même le préciser, mais ce n'est apparemment pas l'amour, comme voudrait se le faire accroire Angélina. Ce serait bien plutôt l'eau, symbole du mouvement, du voyage, de l'inconnu. Cette première divergence est bientôt suivie d'une seconde, plus importante. L'épisode du couple de bohémiens creuse en effet entre le Survenant et l'infirme un fossé, mettant brusquement en relief des personnalités totalement opposées.

La deuxième partie du chapitre se passe le samedi suivant, à Sorel, où s'est installé un cirque. La perspective de s'amuser et de rêver devant cet abrégé du « vaste monde » qu'est un cirque est si rare que tous les jeunes gens du Chenal s'y précipitent. Mais leur déception est grande de découvrir des amusements puérils et banals. Le Survenant sauve cependant la situation en acceptant de se battre contre Louis l'Étrangleur, le soi-disant « champion de France ». Ce combat fait diversion tout en permettant au Grand-dieu-des-routes de prouver une nouvelle fois sa force et son adresse.

Les pages que Germaine Guèvremont consacre à la description de ce spectacle sont admirables de vivacité, de couleur, de justesse et d'humour, mais l'examen des premières versions de ce passage montre qu'elle n'est pas parvenue du premier coup à cette espèce de perfection. L'illusion réaliste y est particulièrement soignée, la romancière ayant réussi à faire revivre l'atmosphère des années 1910, grâce surtout aux allusions à des réalités de l'époque, comme le parc Sohmer de Montréal (1889-1919) et surtout à des athlètes aussi célèbres, en leur temps, que le « tigre » Cazeaux, d'origine française, le Belge Constant le Marin, le Japonais Yamajata (nom que l'arbitre déforme en « Zatiasma ») et le Canadien Jos Montferrand.

L'argent de sa victoire en poche, le Survenant, dont la générosité n'a d'égale que la soif, invite tous « les gars » à arroser son triomphe « à l'hôtel des chars ».

La description amusée que fait Germaine Guèvremont du petit monde des tavernes constitue un nouveau chef-d'œuvre. Avec un art consommé, elle croque chacun des groupes ou des individus qui composent le vivant tableau des consommateurs : d'un côté, les « gros boss » écossais de la compagnie Richelieu, que le mépris hautain dont ils font preuve isole encore plus efficacement que la langue anglaise ; de l'autre, les « habitants » du Chenal du Moine ; au centre, trônant dans sa veulerie, l'hôtelier vénal, que l'argent seul réussit à amadouer. Dans cet univers régi par les lois de l'ivresse, la ruse dont se sert le Survenant pour convaincre le jeune Joinville Provençal de payer à son tour la traite, confine à la roublardise.

Aussi, le lendemain dimanche, quand Angélina aperçoit soudain un homme couché dans un fossé et portant le *mackinaw* du Survenant, est-ce tout naturellement ce dernier qu'elle croit découvrir. Mais sous le déguisement de celui auquel il rêve de s'identifier, c'est Joinville qui dort, ivre pour la première fois de sa vie.

Deux mois se sont écoulés au moment où s'ouvre le chapitre XVI. L'été a passé et septembre a ramené, avec la pluie, les veillées d'automne réunissant les voisins chez les Beauchemin, comme au chapitre V. Mais au lieu de se refermer, le cercle du temps se transforme ici en une spirale, figure symbolisant à la fois le mouvement cyclique et son prolongement dynamique, gage de fertilité. Le Survenant ne saurait en effet prolonger son séjour au Chenal du Moine au delà de ce cycle de douze mois sans perdre son caractère de « survenant ». La logique propre du personnage exige donc son départ, tandis que le récit, pour durer, réclame paradoxalement sa présence. Germaine Guèvremont a admirablement su sortir de cette manière de cercle vicieux en substituant à son héros un double féminin en la personne de l'Acayenne. Et c'est précisément au Survenant, en l'absence du père Didace parti à la chasse, qu'est confiée la tâche de présenter celle qui sera bientôt appelée à prendre sa place chez les Beauchemin et qui fera basculer l'œuvre dans un monde de femmes. Comme le Survenant, l'Acayenne est blonde, « quasiment rousse », elle a « la peau blanche comme du lait » et les yeux « tantôt gris, tantôt verts, tantôt bleus ». De plus, elle est « étrangère », ce qui suscite de la part de ces sédentaires méfiants que sont les habitants du Chenal une réaction immédiate de rejet que le Survenant condamne une dernière fois, avec énergie, au moment où il s'apprête à sortir du cercle et à céder sa place à l'Acayenne. Le Chenal du Moine a toujours été pour lui un monde clos et étouffant, une prison trop étroite, qu'il a quelquefois eu l'illusion de forcer en faisant des fugues, mais qui n'en est pas pour autant devenue tolérable. En cette dernière soirée, le Grand-dieu-des-routes prend clairement conscience du dilemme dans lequel il est enfermé : rester ou partir. Angélina lui offre bien une cage dorée, mais il résiste à la tentation, persuadé qu'un jour ou l'autre « la route le reprendra ». Et la « chanson de son cœur », *Belle rose du printemps*, qu'il entonne une fois encore, ne fait plus rêver les femmes, comme au chapitre X, mais sonne à l'oreille d'Angélina, « plus cirée qu'une morte », comme un cruel chant d'adieu. Le Survenant a accompli sa tâche : il a transformé l'infirme en amoureuse, suscité l'Acayenne et persuadé le père Didace de se remarier pour assurer lui-même sa succession, sa lignée étant menacée d'extinction. Mais cette tâche de démiurge se double finalement d'une œuvre de fécondité, car c'est au moment précis où l'étranger décide de partir que l'on apprend qu'Alphonsine est enceinte. Le Survenant était arrivé à l'improviste, l'automne précédent. Douze mois plus tard, sans un mot d'adieu, il s'enfonce « dans la nuit noire » et disparaît à jamais du Chenal du Moine.

Le lendemain matin (chapitre XVII), en rentrant de la chasse, Didace, que la nostalgie reprend comme au chapitre II qui précédait de quelques heures l'irruption du Survenant, découvre avec stupéfaction que son « poulain » a de nouveau disparu, mais pour de bon cette fois. Alphonsine, qu'une amitié bourrue avait fini par lier au Grand-dieu-des-routes, laisse éclater une indignation qui cache une déception aussi profonde sans doute que celle qu'éprouve son beau-père. Tous deux se sentent floués. Mais la plus atteinte sera évidemment Angélina, blessée dans son amour. C'est une amoureuse abandonnée et pitoyable qu'avec un accent d'une intensité bouleversante Germaine Guèvremont peint dans la deuxième partie de ce chapitre. L'étranger lui était apparu dans une sorte d'éblouissement, au chapitre III ; les quelques mois de bonheur qu'il lui a donnés, il ne lui en reste dorénavant que la nostalgie.

Le bref chapitre XVIII nous ramène pour ainsi dire au chapitre II et à la solitude du père Didace, qui en éprouve de nouveau durement le poids : le Survenant n'aura été qu'une parenthèse dans sa vie. Comme au chapitre II, qui précédait de quelques heures l'arrivée de l'étranger, Didace traîne son ennui et son amertume. Le Chenal du Moine retombe dans la grisaille : l'automne va bientôt céder la place à l'hiver, mais le Survenant ne reviendra pas, à l'instar du « Fils de l'homme » de l'Évangile du premier dimanche de l'Avent, pour illuminer l'existence du père Beauchemin et lui redonner l'espoir. Didace retrouve la détresse qui était la sienne douze mois plus tôt, mais cette fois son vieil ami d'enfance Pierre-Côme Provençal, blessé dans son orgueil, passe sans daigner lui faire l'aumône d'une parole de consolation.

Mais Didace Beauchemin est un homme trop énergique pour se complaire longtemps dans la prostration et les inutiles regrets. Au lieu de lui servir de fils, le Survenant a disparu, parce que la route était pour lui plus forte que tout ; toutefois, avant de partir, il avait pris la précaution de suggérer au père Didace une solution de rechange pour assurer sa succession.

Le chapitre final nous conduit au presbytère de Sainte-Anne. Didace a pris sa décision : son fils Amable est une mauviette, sa belle-fille Alphonsine est stérile (du moins le croit-il) et le

Survenant, sur qui il avait illusoirement compté, est parti. Il épousera donc l'Acayenne, dans l'espoir d'« élever encore quelques garçons ». S'il vient ce jour-là consulter son curé à ce sujet, ce n'est que pour la forme. En effet, le curé Lebrun a beau lui faire des objections et l'inciter à la plus grande prudence, sa résolution est prise et tout ce qu'il demande, c'est de la faire officiellement entériner.

*

*   *

Le chapitre premier, ou prologue, introduisait un étranger dans la demeure des Beauchemin. Ce bel étranger était immédiatement apparu aux yeux de Didace comme un messie venu sauver la maison qui menaçait ruine. Les gens du Chenal du Moine avaient tous été témoins de ses dons exceptionnels et de son charisme, et Angélina était tombée amoureuse du seul homme qui ait jamais troublé sa chair et son cœur. Mais fondamentalement insensible aux réactions qu'il suscitait sur son passage et viscéralement attaché à sa liberté, l'étranger était reparti comme il était venu, en coup de vent, plongeant le Chenal du Moine dans une espèce de deuil, après avoir fait prendre à tous conscience de leurs aspirations profondes, en même temps que de leurs lacunes et de leurs mérites. Dans un monde dirigé par des esprits anciens et bornés, isolé, refermé sur lui-même et menacé de pétrification, le Survenant pouvait apparaître comme un sauveur, un héros régénérateur, celui qui allait redonner au « royaume » décadent son ancienne et traditionnelle splendeur. Son départ avait sonné le glas de ces espérances chimériques et symbolisé en quelque sorte le crépuscule des mâles.

Le chapitre XIX, qui sert d'épilogue au roman et qui fait écho au premier, annonce, avec l'apparition de l'Acayenne et la grossesse d'Alphonsine, une ère nouvelle, celle de la femme, seule apte à restaurer puissance et souveraineté en donnant la vie. C'est aussi en ce sens que l'on peut comparer *le Survenant* à une spirale en mouvement, tendue vers l'avenir. Ainsi, l'épilogue, au lieu d'être une fin est un commencement, autant dire un nouveau prologue : *le Survenant* s'ouvre sur *Marie-Didace.*

Note

1. Voir *Marie-Didace,* II chap. III.

CHAPITRE 6

~

MARIE-DIDACE

Après le flamboiement de l'été, le Chenal du Moine était retombé dans la grisaille de l'automne, à la fin du *Survenant*. *Marie-Didace*, qui lui fait suite, commence quelques semaines plus tard, en octobre 1910.

Dans ce second roman, l'attention se déplace sur la belle-fille, Alphonsine Ladouceur, épouse d'Amable. En lui donnant ici le premier rôle, Germaine Guèvremont met en évidence les ravages de l'inquiétude qui la ronge depuis l'enfance et qui, d'étape en étape, débouche sur la névrose. Cette pathétique déliquescence, qui fait de la jeune femme une victime du destin, sert en quelque sorte de contrepoint à la décrépitude et à la décadence de l'ordre ancien et figé du père Didace. La présence du Survenant avait pu un temps faire oublier cette pénible déchéance ; mais son départ, tel un bandeau qu'on arrache des yeux, en manifeste en plein jour le caractère inéluctable et tragique.

Tout le roman est construit de manière à mettre en évidence la mort d'un monde ancien — le patriarcat — et la naissance d'un univers nouveau, celui de la femme. L'œuvre se divise en effet en deux parties. La première — et la plus longue — semble n'avoir pour objet que de maintenir le plus longtemps possible les cadres de la société traditionnelle, dominée par le sentiment de l'unité profonde de l'univers. Dans la seconde partie, le temps cyclique cède la place au temps vectorisé, celui de l'histoire, source d'inquiétude.

La première partie de *Marie-Didace* comprend quinze chapitres. Elle couvre une demi-année, d'octobre 1910, quelques semaines après le départ du Survenant, à la mi-avril 1911, au moment de la naissance de Marie-Didace.

Enceinte, Phonsine, qui souffre d'insomnie, écoute dans la nuit les bruits que les dormeurs n'entendent jamais, et surtout pas Amable, son mari qui dort indolent à ses côtés. Le Survenant a beau avoir disparu, elle n'arrive pas à savourer la joie que ce départ, synonyme de paix et de tranquillité, aurait dû lui procurer. Au vrai, elle regrette les « prévenances du Survenant » (I chap. I, p. 20) et trouve la maison bien grande. L'étranger avait redonné vie et chaleur à la demeure des Beauchemin ; de nouveau règne l'ennui, comme si tout d'un coup la mort y était entrée. Tant que le Survenant avait vécu au Chenal du Moine, Phonsine lui en avait voulu de s'incruster sous son toit. Il ne pouvait que déranger son petit confort et perturber l'ordre normal des choses. Il prenait trop de place, au point qu'Amable avait sérieusement pu craindre de perdre la sienne, en tant que fils et héritier de Didace Beauchemin. Toutefois, sans vraiment s'en apercevoir, Phonsine était tombée amoureuse du bel étranger. Son souvenir l'obsède, à présent, et remplit ses nuits d'insomnie, au point qu'elle peut craindre, conformément à la croyance populaire, « que l'enfant [qu'elle porte] ne fin[isse] par lui ressembler ». Parti, le Survenant, mais encore plus présent qu'avant son départ, dans l'esprit de Phonsine et des habitants du Chenal du Moine, où plane toujours sa grande ombre. Pas un, en effet, qui ne rappelle une de ses paroles, un de ses gestes, un trait de sa physionomie ou de sa forte personnalité.

Marie-Didace abonde en citations et en notations concernant le Survenant ; en les mettant bout à bout, dans un certain ordre arrangées, on s'apercevrait que le personnage, bien loin d'avoir disparu, s'est par une espèce d'anamorphose transformé en mythe. Ses défauts, accentués par ceux qui ne l'aiment guère, ses qualités, embellies par le souvenir de ceux et celles qui lui vouent un véritable culte, ont contribué depuis son départ à faire de lui un homme plus grand que nature, une manière de dieu. N'est-il pas après tout le Grand-dieu-des-routes ? Rien ne révèle mieux les sentiments ambigus que Phonsine éprouve à son égard que la phrase suivante : « l'image du Survenant, avec son grand rire et ses défauts, avec son verbe insolent et son obligeance, sillonna sa pensée » (I chap. I, p. 20). L'admiration le dispute à l'antipathie, et les jugements favorables alternent, en chiasme, avec les reproches, sans que l'on puisse apparemment déterminer lesquels l'emportent, des qualités ou des défauts de ce diable d'homme. Phonsine elle-même serait bien incapable d'en décider, mais, au fond, le Survenant lui manque déjà. La fin du chapitre premier le révèle on ne peut plus clairement. Les jappements du chien (qui avait disparu en même temps que l'étranger) et l'odeur chaude de « friture et de crêpes au lard » s'insinuant « par les fentes de la porte de chambre » ne peuvent signifier qu'une chose : « le Survenant est revenu ! » Tel est le cri d'enthousiasme qu'elle ne peut s'empêcher de laisser échapper, au grand scandale d'Amable, qui n'en éprouve, lui, que désappointement. Aussi se promet-il, à présent, de lui apprendre, à ce « fend-le-vent », à le « reconnaître comme son maître ». Cette mâle résolution ne résiste évidemment pas à l'épreuve de l'action. Avec l'humour qui le caractérise, le narrateur ajoute en effet : « Mais au moment de franchir le seuil de la porte, il dit à Phonsine, en se dérobant derrière elle : Passe ! » On ne saurait mieux stigmatiser la poltronnerie du personnage.

Le retour du Survenant et de Z'Yeux-ronds redonne déjà à la maison taciturne et morne un air de fête, avec ses odeurs de repas et la présence vivante des êtres. Adieu, inquiétudes et insomnies, songe sans doute Phonsine. Désormais, quelqu'un de fiable veillera sur son sommeil. La maison et les biens des Beauchemin seront en sécurité. Et quand les voleurs rôderont dans les parages, comme au cours de la nuit, précisément, le Survenant sera de nouveau là pour exercer sa vigilance, comme les braves Provençal. Amable, lui, plus veule que jamais, n'a même pas daigné se déranger, malgré les objurgations de sa femme. Comble de malchance, le père Didace a découché : autre sujet d'inquiétude pour Phonsine. Depuis que l'étranger lui a présenté l'Acayenne, une veuve installée à Sorel, dans un quartier mal famé, Didace Beauchemin n'a plus qu'une idée en tête : se remarier. Pour Phonsine, qui vient enfin d'accéder, depuis la mort de sa belle-mère Mathilde, au rang de « reine et maîtresse dans la maison » (I chap. II, p. 27), ce remariage serait une catastrophe : elle perdrait « sa place », celle à laquelle elle n'a cessé de rêver depuis l'enfance. « Remarque bien ma parole », a-t-elle confié à Amable, un peu pincée. « À la première nouvelle, [ton père] nous ressourdra marié » (I chap. I, p. 23). Et elle ne s'était pas trompée.

En descendant dans la cuisine, Amable et sa femme tombent en arrêt devant une étrangère, grasse et ricaneuse, et qui pousse l'audace jusqu'à boire dans la fameuse tasse de Phonsine ! C'est leur nouvelle belle-mère, Blanche Varieur, surnommée l'Acayenne. « Alors [Phonsine] mesura l'étendue de son malheur », précise le narrateur ; « elle avait perdu sa place. » Remontent aussitôt les pénibles souvenirs de son enfance d'orpheline, privée d'affection, soumise à la tyrannie des religieuses et aux vexations des compagnes mieux nanties.

Après le Survenant, une survenante ! « Il y aura donc jamais de paix pour moi » (II chap. II, p. 177), songe Phonsine, à qui rien, jamais, ne réussit, et que le malheur semble poursuivre de son assiduité comme un mauvais sort. Après une enfance triste, une jeunesse humiliée au service d'hypocrites bourgeois (I chap. IV, p. 46), elle avait cru trouver le salut dans le mariage. Mais qu'était Amable, sinon un être faible « et sans défense aucune » (I chap. II, p. 33), un grand enfant égoïste, écrasé par son père ? Frustrée dans son cœur et dans sa chair, inassouvie, Phonsine s'éloigne brusquement de son mari, qui a fini par s'endormir dans ses bras, et, « un poids de haine au cœur », elle prend l'énergique décision, au terme de cette rude journée qui risque de bouleverser sa vie, de redresser elle-même la situation. Elle ne laissera pas l'Acayenne les dépouiller, elle et l'enfant qu'elle porte, son seul espoir désormais. Il faudra qu'Amable se rende sans tarder chez le notaire, « leur faire rendre justice », et que l'Acayenne « prenne son rang », comme elle, Phonsine, a pris le sien « en entrant dans la famille ». Ah mais ! On verra bien qui commande ici ! Amable est bien peu apte à prendre ses responsabilités d'homme et de mari ; il n'est qu'un velléitaire, toujours prêt à se résigner après le moindre sursaut de révolte. Le défi, c'est donc Phonsine qui le lancera, suscitant du même coup un double conflit avec sa nouvelle belle-mère et son beau-père. Germaine Guèvremont a consacré les deux premiers chapitres de *Marie-Didace* à exposer la cause de ce conflit. Tout est maintenant en place pour qu'éclate le drame.

Mais un roman n'est pas une tragédie. Contrairement à une pièce de théâtre, soumise aux contraintes qu'impose le temps forcément limité de la représentation, l'œuvre romanesque a, pour ainsi dire, tout le temps pour elle. Rien n'empêche le romancier, une fois la situation exposée et l'action engagée, de multiplier les péripéties en faisant alterner ralentissements et accélérations, pauses, descriptions, narration et dialogues, pourvu que jamais l'intérêt du lecteur ne se relâche.

Phonsine et Amable éprouvent tout de suite pour l'intruse une telle antipathie que, entre eux, ils ne l'appellent que « l'Autre » : l'indigne étrangère qui a osé prendre la place de Mathilde Beauchemin. Mais c'est une adversaire de taille, ainsi que le jeune couple ne tarde pas à le constater. Pour faire pièce à Blanche Varieur qui, « forte et travaillante », aime « faire face au vent » (I chap. III, p. 38), comme Didace Beauchemin, il faut faire preuve d'énergie, d'adresse et de volonté, toutes vertus dont Amable et Phonsine sont bien dépourvus. Au lieu donc d'un conflit franc et ouvert, c'est une « lutte sourde » qui s'établit entre eux, un combat inégal. Incapables d'attaquer la belle-mère de front, Phonsine et Amable en sont vite réduits à recourir « à des ruses déprimantes » (I chap. III, p. 37), multipliant les mesquineries, cette arme des faibles, bien entendu sans effet sur une femme saine et robuste comme l'Acayenne. Les conséquences n'en sont pas moins désastreuses. Les rapports entre le père Didace, Amable et Phonsine n'étaient déjà pas excellents ; les voilà qui se détériorent complètement, dès lors que le fils, poussé par sa femme, ose exiger, sans la moindre précaution oratoire, une « donaison » par-devant notaire. Didace Beauchemin manque de s'étouffer : un testament, passe encore, mais certainement pas une donation ! Et tant pis si cela ne plaît pas à Phonsine ! Quant à l'Acayenne, oui, bien sûr, il a « assuré sa vie sur la terre, tant qu'elle portera [son] nom, le nom des Beauchemin » (I chap. III, p. 41). Et d'ajouter avec hauteur : « C'est rien que juste et raisonnable. » Il est le maître, après tout, et Blanche Varieur est maintenant sa femme ; à ce titre, elle a des droits.

Cette première altercation sérieuse entre le père et le fils sera suivie d'une seconde et ultime dispute, autrement plus violente, cinq mois plus tard, au chapitre XI, peu de temps avant la naissance de Marie-Didace. La première s'était déroulée sans témoin. L'autre se passera en présence de l'Acayenne, celle même qui est devenue un « élément de discorde » (I chap. XI, p. 112) en franchissant le seuil de la demeure des Beauchemin. Cette fois, la querelle n'a pas pour objet une quelconque réclamation égoïste et frileuse — testament ou « donaison ». Le mobile y est infiniment plus noble puisqu'il s'agit ni plus ni moins, pour Amable, offensé dans sa dignité de mari, de défendre l'honneur de sa femme, mis en cause par cette « langue sale » qu'est l'Acayenne. Nous sommes le lundi 27 mars 1911. Phonsine, toujours insomnieuse et languissante à moins de deux mois de son accouchement, s'est levée « avec l'idée de consulter le médecin, le jour même » (I chap. XI, p. 109). Après le voyage à Sainte-Anne, la veille, pour la grand-messe du dimanche, atteler de nouveau aujourd'hui pour Sorel ? Qu'en pensera le père Didace, lui qui ignore encore la grossesse de sa belle-fille ? Mais le hasard fait bien les choses : le jeune Joinville Provençal doit justement se rendre en ville ce matin ; Phonsine n'aura qu'à profiter de l'occasion. À Didace qui demande ce que sa bru « est allée bretter à Sorel » et avec qui elle a bien pu partir ainsi, presque à la dérobée, l'Acayenne se hâte de lancer, trop heureuse de l'occasion qui lui est si opportunément offerte de brandir un certificat de moralité en diffamant sa rivale : « Quiens ! Y avait pas de quoi s'en vanter. Elle est partie toute seule avec le beau Joinville à Provençal. » Et pour être sûre de produire sur Didace l'effet escompté, elle ajoute : « Demande-moi ce que les autres vont dire... » Le coup a porté : « Avec Joinville ? » s'étonne le père Beauchemin. « Elle le fait ben exprès pour faire jacasser le monde... » Alors l'Acayenne enfonce le clou : « Y en fallait un pour remplacer le Survenant... » Fine mouche, n'avait-elle pas compris depuis un bon moment que, sous une apparence d'hostilité, Phonsine éprouve depuis longtemps de l'amour pour le Grand-dieu-des-routes ?

Occupé dans le grenier à chercher un outil, « à l'insu de l'Acayenne », Amable a tout entendu. Son sang ne fait qu'un tour. Il dégringole dans l'« escalier étroit ». La scène qui s'ensuit est d'une violence inouïe, le fils allant jusqu'à insulter le père en lui jetant à la figure, après lui avoir reproché son mariage avec cette traînée d'Acayenne, le cruel proverbe populaire sous la forme d'une blessante interrogation : « Pourquoi acheter la vache quand on a le lait pour rien ? » Après ce terrible affrontement, Amable n'a plus qu'une solution : partir, incapable désormais de vivre sous le même toit que cette femme à qui il doit « céder le pas », ainsi que vient de le confirmer son père. Didace, qui connaît bien son fils, se moque de cette menace. Amable n'a en effet pas la moindre intention de mettre sa menace à exécution, ainsi qu'il se hâte de le déclarer à Phonsine, au chapitre suivant. Mais la jeune femme ne l'entend pas ainsi : l'Acayenne l'a outragée, son honneur crie vengeance. Amable a promis de partir, qu'il parte ! Pris à son propre piège, Amable a beau tergiverser, à la fin il est bien obligé de reconnaître que sa femme a raison :

⁓ Je pars, Phonsine, mais j'aime autant te le dire, ça sera pas pour revenir de moi-même. Jamais. À peine de rentrer par la porte de devant, ajouta-t-il, faisant allusion à l'entrée principale qu'on n'utilisait que dans les grandes circonstances (I chap. XII, p. 121). ∿

L'allusion en question prend aussitôt l'aspect du destin tragique qui attend Amable. Ainsi que le précise le narrateur, l'homme n'a pas sitôt fait quelques pas dans la neige qu'une « motte de glace le [fait] buter et tomber à genoux [...], une main en sang, labourée par la croûte, encore épaisse par endroits ». À cette chute, déjà prémonitoire, succède une métaphore que Phonsine n'a aucun mal à lire : « Près de la maison, deux trous seulement demeuraient visibles dans la neige, deux trous, comme des orbites vides, que la nuit violaçait. » Tapie dans la nuit, la mort guette.

Elle frappera une quinzaine de jours plus tard, au chapitre XV, à la fin de la première partie du roman, au moment même où Phonsine donnera naissance à son enfant, une petite fille prématurée, maigrelette, déjà condamnée par le médecin.

Tout ce mal que Phonsine s'est donné, pour finalement accoucher d'un « cœur bleu » (I chap. XV, p. 147) ! Elle qui rêvait de donner enfin un héritier aux Beauchemin et qui s'était bêtement imaginé « qu'une révolution jaillirait du départ d'Amable et rétablirait l'ordre dans les esprits » (I chap. XII, p. 122) : quelle dérision ! Elle avait bien eu raison, dès le début, de craindre l'Acayenne, cette créature diabolique qui venait d'entrer dans le lit du père Didace : « Une femme comme elle dans une maison, pour moi c'est surtout ben de la crainte » (I chap. IV, p. 45), avait-elle confié à sa belle-sœur Marie-Amanda, venue « pour une première visite », quelques jours après le mariage de son père. Didace Beauchemin allait certainement les déshériter, Amable et elle, au profit de sa seconde épouse. Réduits à l'indigence, ils n'auraient bientôt plus que la rue en partage. Après avoir espéré trouver le « salut » et la « sécurité » en succédant à la mère Mathilde comme « reine et maîtresse », il avait fallu que son beau-père se remariât. Phonsine retrouvait les tourments « de son enfance d'orpheline élevée à la charité publique, [...] de son adolescence humiliée [...], de sa jeunesse en service », avec, toujours, le même sentiment d'infériorité : « parmi les avoines ardentes et soleilleuses, elle ne serait [jamais] que l'humble grain noir qu'une main dédaigneuse rejette loin du crible » (II chap. III, p. 186).

Peu émue par cette « inquiétude qui lui paraissait puérile » (I chap. IV, p. 49), Marie-Amanda, qui est la santé même, ne réussit pas à consoler sa belle-sœur. Tout ce qu'elle peut lui offrir, c'est sa pitié. Mais la pitié, même quand elle cache une certaine tendresse, n'a jamais suffi à sortir quelqu'un de la solitude. Phonsine devra donc cheminer seule, l'angoisse au cœur.

Les chapitres V à X servent bien moins à faire avancer l'action qu'à décrire la vie des habitants du Chenal du Moine et à mieux faire connaître l'Acayenne. Phonsine et Amable en sont du reste à peu près absents. On peut donc considérer que ces six chapitres ont une fonction psychologique et ethnographique plutôt que dramatique. En cela, Germaine Guèvremont reste fidèle à la tradition du roman de la terre et, en particulier, au *Survenant*, dont plus d'un chapitre joue un rôle analogue à celui que nous examinons ici.

Les deux romans, qui forment comme les deux parties d'une même œuvre, commencent à l'automne, *le Survenant* en octobre 1909, *Marie-Didace* exactement un an plus tard, en octobre 1910. Tous deux parcourent le cycle complet des saisons, revenant pour ainsi dire au point de départ, dans la spirale infinie du temps cosmique. Affranchie du devenir, la durée s'apparente ici à l'éternité. On se s'étonnera donc pas de découvrir entre les deux volets du diptyque un jeu d'échos. La vie, au Chenal du Moine, qui constitue une sphère close, bat au rythme des saisons et des fêtes religieuses. En octobre, on se replie dans la cuisine, après avoir passé l'été dans le fournil. Les moissons faites, les veillées peuvent recommencer, avec les chansons et les rires, les discussions, les racontars et les cancans. Germaine Guèvremont y consacre le chapitre V de chacun de ses romans[1]. Poussés par la curiosité, les voisins s'amènent chez les Beauchemin, d'abord pour découvrir ce mystérieux et séduisant étranger que le hasard a conduit au Chenal du Moine. Un an plus tard, c'est l'Acayenne, la seconde épouse du père Didace, que l'on brûle de connaître. Calme et sensuelle dans l'épanouissement de son embonpoint, Blanche Varieur éveille la convoitise des hommes et suscite la jalousie des femmes, d'autant plus qu'elle sait admirablement faire preuve de discrétion. Habile et travailleuse, comme le Survenant, elle sait aussi dire leurs quatre vérités aux voisines moqueuses qui raillent son attachement à son Varieur, mort en mer, ainsi qu'elle le raconte au chapitre IX. Cette énergique sortie lui mérite le respect des femmes ; mais sa fidélité à la mémoire de son défunt mari fait en sorte qu'elle s'aliène le père Didace, de plus en plus irrité et mortifié par les constantes allusions de sa femme à ses « Cayens ». Puis viennent les fêtes de fin d'année, régulièrement illuminées par la joyeuse arrivée de Marie-Amanda et par sa présence chaleureuse et rassurante. Grâce à la fille aînée des Beauchemin, qui consent pour la circonstance à quitter l'île de Grâce où elle habite depuis son mariage, la maison des Beauchemin retrouve vie et gaieté : les préparatifs des fêtes vont bon train ; Noël et le Jour de l'an se déroulent conformément à la tradition établie depuis des générations, et donc parfaitement connue et assimilée par les habitants du Chenal du Moine, qui partagent la même culture.

Mais Marie-Amanda est aussi la femme forte qui console les affligés : Phonsine, inlassablement tourmentée, et surtout Angélina, anéantie par le départ du Grand-dieu-des-routes, à la fin du *Survenant*, ou par le douloureux souvenir d'une cruelle humiliation, infligée par le même Survenant. Le récit déchirant de cette blessure occupe la majeure partie du chapitre VIII de *Marie-Didace*, manière pour Germaine Guèvremont de faire revivre son héros par recours au procédé de l'analepse, ou *flash-back*.

En marge des fêtes cycliques, toute paroisse a ses propres festivités, qui viennent rompre la monotonie des travaux et des jours. Au célèbre fricot des Salvail (chapitre X du *Survenant*) répond la noce de Lisabel Provençal (chapitre IX de *Marie-Didace*). Dans les deux cas, les réjouissances ont lieu peu après le Jour de l'an et servent en quelque sorte à en prolonger l'atmosphère. Conçues sur le même modèle[2], elles comportent un repas plantureux, suivi de chansons, danses et jeux de société, et se terminent dans le désenchantement.

À côté de ces scènes, que l'on peut qualifier de parallèles, il en est d'autres qui sont propres à chacun des deux romans et qui manifestent, en même temps que le don d'observation et le sens de l'humour du narrateur, le désir d'ancrer le récit dans la réalité. La disparition (chapitre VII), puis la réapparition (chapitre XIV) du canot du père Didace, la messe du premier dimanche de l'Avent (chapitre VIII), la chasse au rat musqué (chapitre XIII) ou encore la description du cirque à Sorel (chapitre XV) constituent autant d'épisodes jalonnant *le Survenant*. La trame de *Marie-Didace* se nourrit, elle, d'événements et de péripéties peut-être encore plus percutants. Les chapitres VI, VII et VIII de la première partie sont particulièrement réussis à cet égard. Germaine Guèvremont nous y fait assister tour à tour, avec un rare bonheur, à une corvée de savon, à la visite irrésistible de drôlerie et de tendresse du colporteur Zarovitch, au « ramassage » des animaux sur la commune et, finalement, à l'hilarante scène de « piquage » chez les Beauchemin. Le mariage de Lisabel Provençal (chapitre IX) est lui-même suivi, au chapitre X, de la description d'une tempête de neige mémorable — écho des terribles inondations de la Semaine sainte de 1865, que Didace avait fait revivre au chapitre XI du *Survenant*.

Le récit reprend ensuite ses droits avec la violente altercation qui s'élève entre Amable et son père, au chapitre XI, et dont il a été question plus haut. Ce conflit déclenche le départ d'Amable, puis toute une série de rebondissements, jusqu'à la mort d'Amable et à la naissance de Marie-Didace. Dans cette atmosphère lourde, quelques haltes, comme sait en ménager Germaine Guèvremont : Didace négociant l'achat de canards sauvages avec Pierre-Côme Provençal, encore plus roublard que son confrère (I chap. XIII,

p. 125-127) ; Angélina offrant à Phonsine, pour la consoler, l'un de ses « fameux géraniums d'exposition » (I chap. XIII, p. 129-130) ; enfin, l'amusante visite du père Didace chez le notaire, au chapitre XIV. Cette dernière scène est suivie, dans la nuit, des premières douleurs de Phonsine, qui avait commis l'imprudence de rentrer à pied de Sorel au Chenal du Moine, au lieu d'attendre son beau-père.

Phonsine avait mis tous ses espoirs en cet héritier qui va naître prématurément, et voilà qu'il s'agit d'une petite fille, un « cœur bleu », de surcroît. Mais tout n'est pas perdu, puisque l'enfant, avec « son front bas, volontaire » se révèle de la « race » des Beauchemin. Amable est mort, mais la lignée est sauve. Le père Didace, jusque-là accablé par tant de malheurs, se redresse : il a un juste motif d'orgueil. « Appelle-la Didace », ordonne-t-il à sa belle-fille : « Marie-Didace ». La fierté du beau-père est contagieuse : Phonsine ne se tient plus de joie. « Maintenant, elle était vraiment Beauchemin. » Et c'est sur ces paroles d'espoir que se termine la première partie de *Marie-Didace*.

*

*   *

Un peu plus d'un an et demi s'est écoulé depuis l'arrivée du Survenant au Chenal du Moine quand naît Marie-Didace, en avril 1911[3]. Cette naissance, qui a pour première conséquence d'introduire dans le roman un nouveau personnage, marque une rupture par rapport au passé, ouvrant de ce fait des perspectives inédites : la lignée des Beauchemin passe brusquement des hommes aux femmes. L'ancien monde, celui du patriarcat, incarné par le père Didace, est définitivement révolu. Avec cette enfant prématurée, mais qui se révèle digne des Beauchemin, nous basculons dans la modernité.

Du point de vue de la composition romanesque, la naissance de Marie-Didace, figure emblématique de la cassure entre deux mondes — l'ancien et le nouveau —, nécessite une rupture nette et sans ambiguïté. D'où la division du roman en deux parties et, pour bien marquer la rupture, une brutale accélération du temps dès les premières pages de la deuxième partie. Comme un film qui s'emballe, on passe, en quelques paragraphes, de la mi-mai 1911 à juin 1917. La romancière avait en effet besoin que son nouveau personnage, Marie-Didace, de bébé naissant qu'il était à la fin de la première partie, atteigne un âge qui lui permette de jouir d'une certaine autonomie afin de pouvoir jouer auprès des adultes qui l'entourent un rôle digne d'intérêt. Par ailleurs, pour atténuer l'effet que ne pouvaient manquer d'avoir sur le lecteur la division du roman en deux parties distinctes et la brusque variation du temps du récit, Germaine Guèvremont a pris soin de ne pas rompre la régularité des saisons.

En apparence donc, rien n'a changé, au Chenal du Moine. Il n'empêche que tout le monde a vieilli de six ans, qu'Odilon et Bedette se sont mariés et qu'ils ont un fils, que Didace et Pierre-Côme s'entretiennent de la guerre, des prix qui ne cessent de monter, des souffrances qu'endure la France, des navires qui ne cessent de transporter en Europe des soldats canadiens, des obus que l'on fabrique par milliers à Sorel et où travaille le cadet Joinville, d'autant plus porté sur la bouteille qu'il échappe maintenant à la surveillance paternelle. Le temps, dévoreur, fait déjà hypocritement son œuvre. Déjà, la mort a fait une première victime en fauchant Amable, à la fin de la première partie du roman. Il s'agissait d'un premier avertissement. Désormais, semble dire le destin (dont Marie-Didace pourrait bien être la métaphore, puisque aussi bien la disparition de son père coïncide avec sa naissance), les hommes et les femmes sont mortels.

Didace avait bien ressenti, à l'automne 1909, au retour de la chasse, une première douleur à l'épaule gauche (*le Survenant*, chap. VII, p. 69). Voici qu'aujourd'hui, sept ans et demi plus tard, réparant son canot (celui-là même que le Survenant lui avait fabriqué), il travaille « le bras gauche collé au corps » (II chap. I, p. 168) par la même douleur, mais plus lancinante, comme il le confesse à Pierre-Côme. Le narrateur prend ainsi soin de semer des indices, qu'il se réserve d'exploiter plus tard. Il en va de même, du reste, de ce renseignement que Pierre-Côme jette négligemment au sujet du Survenant :

> ⌒ En effet, reprit Provençal, comme il se préparait à partir : j'ai vu sur la gazette le portrait d'un gars qui ressemblait ben gros à ton Survenant. Mais ça peut pas être lui, parce qu'il était costumé en soldat. ⌒

Derrière cette photo et dans ce bras qui souffre se cache la mort.

Pour l'heure, toutefois, ce sont les forces de la vie qui triomphent en ce printemps 1917. Les sarcelles ont fait leur nid et les œufs vont bientôt éclore, « vis à vis l'Île à la Croix ». La petite Marie-Didace ne se tient pas de joie à l'idée d'accompagner son grand-père qui lui a promis de lui faire voir cette merveille.

Phonsine, que l'on avait à peu près perdue de vue depuis la fin de la première partie, au moment où les douleurs de l'enfantement la faisaient délirer, réapparaît dès le chapitre II de la seconde partie pour ne plus guère quitter la scène avant le chapitre VI, consacré à Angélina. Six années ont passé depuis la naissance de Marie-Didace, et la folie qui guette Phonsine n'a pas cessé de faire son œuvre de sape. L'angoisse qui la tenaille depuis l'enfance se manifeste encore plus intensément depuis la mort d'Amable, qu'elle ne peut que se reprocher, elle qui avait tellement insisté quelques semaines plus tôt pour qu'il s'éloigne du Chenal du Moine. Le travail psychique, lié aux rêves qui hantent ses nuits, se rattache à un fort sentiment de culpabilité, tout en se reportant, comme cela est courant, sur le souvenir d'une forte expérience antérieure, celle de la tasse de fantaisie qu'elle avait gagnée dans sa jeunesse, à une kermesse, à Sorel (*le Survenant*, chap. III, p. 35). Sœur Sainte-Marie-Éleuthère a naguère montré l'importance que cette tasse, symbole de réussite sociale, revêt aux yeux de Phonsine[4]. Il n'est donc pas utile d'y revenir ici. Longtemps perçue comme l'accomplissement d'un désir, cette tasse s'est depuis la mort d'Amable transformée en une image de l'échec, du désir inassouvi. Comme de surcroît Phonsine s'est convaincue que sa rivale l'Acayenne lui vole l'affection de Marie-Didace, comme elle lui avait d'entrée de jeu volé sa fameuse tasse, voilà que cette même tasse, véritable objet de fixation, finit par se confondre, en rêve, avec l'enfant. Le gouffre qui s'ouvre dans l'esprit de la jeune femme se présente, lui, sous la forme d'un puits, déjà symbolisé dès la première phrase du roman par l'image des « bras en couronne sur la tête », elle-même redoublée par l'« anneau de la trappe de cave » (I chap. I, p. 22) dans lequel elle se prend un orteil, dans sa hâte de verrouiller la porte de la maison, craignant les voleurs qui paraissent rôder dans les environs. Dès les premières lignes, donc, c'est une Phonsine inquiète qui nous apparaît. Cette inquiétude ne cessera de s'approfondir, jusqu'à se transformer en cauchemar, puis en folie.

Germaine Guèvremont ayant dû, pour les raisons exposées plus haut, recourir à une ellipse de six ans, n'hésite pas maintenant à faire un retour en arrière, au moyen d'une analepse, pour exposer la progression de la folie qui guette son personnage. Incapable de comprendre le mal mystérieux qui ronge Phonsine, le médecin de Sorel ne peut que lui prescrire un remède « pour calmer [ses] nerfs » et la « renforcir en même temps » (II chap. II, p. 177), remède, on s'en doute, qui se révèle totalement inefficace.

L'étape ultime de la folie de Phonsine, véritable descente aux enfers, surviendra au chapitre quatrième. Liée jusque-là à un fort sentiment de culpabilité et d'échec, son angoisse se transformera en délire au moment où elle découvrira avec horreur que l'Acayenne est morte, par sa faute, pense-t-elle, puisqu'elle l'a laissée s'empiffrer malgré les ordres du médecin. Entre-temps, le père Didace aura lui aussi été fauché par la mort, emporté par une « attaque d'angine » depuis longtemps menaçante.

Les pages que Germaine Guèvremont consacre à la confession et aux adieux de Didace Beauchemin constituent un véritable morceau d'anthologie[5]. Il s'en dégage une intense émotion, qu'une pointe d'humour vient heureusement alléger. Avec Didace disparaît un monde serein, rassurant, reposant sur des traditions ancestrales que la modernité risque fort de faire voler en éclats. Bien plus que la paysannerie, c'est la chasse que représente le père Beauchemin. Dans ses veines aura coulé, jusqu'au bout, le sang riche et généreux du coureur de bois, jamais vraiment séduit par la glèbe, malgré tous les efforts consentis pour s'y attacher. La terre n'aura en effet jamais pu lui offrir, non plus qu'à ses ancêtres, le profond sentiment de vie et de liberté que lui procurent les îles giboyeuses du lac Saint-Pierre. N'est-ce pas déjà ce qu'il confiait au Survenant sept ans plus tôt, au printemps 1910 (*le Survenant*, chap. XIV, p. 155-156) ? L'Acayenne à son tour a fait, la veille, l'expérience du peu de poids que pèse la terre aux yeux de Didace. Il a suffi que Phonsine vienne lui annoncer que deux étrangers souhaitaient le voir les guider à la chasse pour qu'il abandonne aussitôt le fauchage de son pré, malgré la pluie qui menaçait.

Aucune femme n'aura donc réussi à arrimer Didace à la terre, à le réduire à l'état de paysan. Toujours le goût de l'aventure et le besoin de bouger l'auront emporté, à l'instar du Grand-dieu-des-routes, incapable de supporter l'idée de vieillir tranquillement auprès d'Angélina la sédentaire. Et c'est ébloui par le passage d'un « volier de canards noirs » (II chap. III, p. 198) que le père Beauchemin rend l'âme.

Désormais seule avec l'Acayenne, Phonsine ne tarde pas à perdre pied. Déjà mentalement affaiblie par les cauchemars qui hantent ses nuits, elle ne peut supporter la menace que sa rivale fait peser sur elle. Sans la protection d'Amable et du père Didace, Phonsine, en proie à la panique, sent remonter en elle le « limon du passé » (I chap. IV, p. 45). Rien, songe-t-elle, ne pourra plus contrarier les noirs desseins de l'Acayenne : frustrer Phonsine de son héritage au profit de son beau-fils, le « garçon de son Varieur » (II chap. IV, p. 203), et, pour finir, lui dérober à jamais l'affection de Marie-Didace. Voilà la double obsession qui la tenaille et dont elle vient s'ouvrir à Marie-Amanda, au chapitre quatrième, quelques semaines après la mort du père Didace. Profondément vexée par l'incompréhension dont sa belle-sœur fait preuve à son égard, Phonsine lui tourne le dos et rentre au Chenal du Moine. Mais c'est pour croiser le docteur Casaubon, qui lui annonce que l'Acayenne vient d'être victime d'une crise cardiaque et qu'il faudra veiller à ne pas la laisser manger. L'occasion est cependant trop belle pour la laisser passer, et quand, toujours aussi gourmande et donc incapable de résister à la tentation, l'Acayenne prend du ragoût, Phonsine s'enferme dans un silence coupable. Aussi, quelle n'est pas sa stupéfaction quand elle trouve sa belle-mère morte, le lendemain matin !

> ⁓ Ce fut la fin du monde. Un chaos épouvantable. Des mains monstrueuses happèrent Phonsine ; elles l'entraînaient dans une cavalcade infernale que menait l'Acayenne, escortée de Pierre-Côme Provençal. Angélina galopait à côté en riant comme une folle. Tout le temps, la Pèlerine sonnait. Et chaque fois le timbre heurtait la tempe de Phonsine. Des quatre coins de la paroisse, les gens, à la face de démon, accouraient, fourche en main, pour l'entraîner en enfer, pendant l'éternité (II chap. IV, p. 213-214). ⁓

Et pour accentuer le caractère pathétique de la déchéance de Phonsine, le narrateur ajoute, en voix *off* : « Phonsine voulut fuir. Sans un cri, elle s'écrasa près du lit. Sa tête, heurtant le chiffonnier, fit rouler la boîte de pilules que l'Acayenne avait vidée durant la nuit. » Ces petites pilules bleues « de la grosseur d'une tête d'épingle », que le médecin lui avait remises, ne pouvaient calmer la douleur, avait-elle déclaré la veille, que si elle en mettait « pour la peine, dans le creux de [sa] main ».

Sous la gouverne de son maire, le Chenal du Moine paraît bien devoir survivre à cet ultime drame. Pierre-Côme Provençal en est en effet le plus sûr garant, lui qui trouve, au chapitre V, l'occasion rêvée d'exercer son autorité et de manifester son sens du commandement en assurant la relève à la ferme des Beauchemin, désormais apanage de la seule petite Marie-Didace, une enfant de six ans.

Le chapitre final de *Marie-Didace* est consacré au seul personnage qui émerge de la tempête qui vient de s'abattre sur la vieille paroisse : Angélina Desmarais. Sortie de l'ombre grâce à la venue du Survenant, elle y était rentrée au moment où l'étranger était reparti, après avoir connu, pour ainsi dire, son heure de gloire. Phonsine et l'Acayenne occupant le devant de la scène, dans *Marie-Didace*, Angélina n'y joue qu'un rôle épisodique, elle qui ne vit plus désormais que cloîtrée dans ses précieux souvenirs. Le chapitre VIII de la première partie est à cet égard tout à fait révélateur. Nous étions en décembre 1910. Il y avait déjà trois mois que le Survenant avait disparu, mais Angélina avait jusqu'alors conservé l'espoir de le voir réapparaître. La première neige, qui s'était brusquement mise à tomber, avait cependant mis fin à cette douce illusion, comme si l'hiver sonnait le glas de l'espérance. Mais les rares instants d'enchantement qu'elle aura connus auprès du Survenant auront comblé Angélina et lui auront permis de transcender la médiocrité à laquelle elle avait paru irrémédiablement condamnée. L'étranger l'aura métamorphosée en amoureuse, et son départ n'aura rien pu y changer. En ce sens, le Survenant l'a elle aussi fécondée, comme Phonsine, qu'il n'aura toutefois pas réussi à sauver du gouffre.

Quoi de plus normal, dans ces conditions, si c'est chez cette vieille fille transfigurée par l'amour que se réfugie finalement la petite Marie-Didace, privée de père et de mère ?

Ainsi Angélina accède à son tour à la maternité, mais pour apprendre au même moment — coïncidence émouvante — que le Grand-dieu-des-routes est mort au champ d'honneur. Comme si, au delà de la tombe, le Survenant lui confiait sa « fille ». La photo du « Glorieux disparu » qui vient de lui tomber accidentellement sous la main, au magasin général de Sainte-Anne, est vraisemblablement celle-là même que Pierre-Côme Provençal a vue « sur la gazette » (II chap. I, p. 168), trois mois plus tôt, moyen, pour Germaine Guèvremont, d'annoncer discrètement le dénouement de son roman. Pierre-Côme n'avait toutefois vu entre le « portrait » du « gars [...] costumé en soldat » et le Survenant qu'une vague ressemblance, et Didace, depuis si longtemps résigné à ne jamais voir réapparaître l'étranger, n'avait même pas daigné jeter un coup d'œil sur la photo. Angélina, elle, reconnaît spontanément l'homme qui n'a cessé de la hanter et que la mort vient figer en une manière d'icône, digne, aux yeux de l'infirme, de reposer auprès de son scapulaire.

Enfouissant jalousement son secret au plus profond de son être, Angélina sort de l'église, où elle vient de célébrer ses noces spirituelles avec le Survenant. Elle « redresse la tête » et se drape dans sa nouvelle « dignité [de] veuve », enfin libérée de son complexe d'infériorité. De son infirmité. Régénérée par l'amour, comme le symbolisent admirablement les rosiers qu'elle a résolu de « transplanter, l'après-midi, avant les grandes gelées d'automne ». Et prête enfin à vivre, non pas pour elle-même, mais pour la petite Marie-Didace, bouton de rose solitaire, surgi miraculeusement des cendres de la mort.

Angélina avait occupé le rôle féminin principal dans *le Survenant*. Faisant un retour au dernier chapitre de *Marie-Didace*, après une éclipse quasi totale, elle ferme en quelque sorte la boucle : ayant accompli sa course, le Grand-dieu-des-routes, tel l'astre solaire, vient se fondre en elle. Angélina est son tombeau. Quant à Marie-Didace, « fruit » de leur amour, les dernières lignes du roman nous la montrent « grimpée sur le four à pain », attendant Angélina, telle une vigie tendue vers l'avenir.

Notes

1. Voir, à ce sujet, Jean-Pierre Duquette, *Germaine Guèvremont : une route, une maison*, p. 64.

2. Modèle déjà esquissé dans « Une grosse noce », l'une des premières « paysanneries » d'*En pleine terre*. Voir *supra*, chap. IV, p. 61-62.

3. Sur cette date, voir la discussion dans mon édition critique de *Marie-Didace*, p. 249, note 12.

4. Sœur Sainte-Marie-Éleuthère, *la Mère dans le roman canadien-français*, Québec, Presses de l'Université Laval, « Vie des lettres canadiennes, 1 », 1964, p. 42-46. Voir aussi Robert Viau, *les Fous de papier*, Montréal, Méridien/Littérature, 1989, p. 167-171.

5. Germaine Guèvremont avait fait paraître, sous le titre « Une dernière passée », une première version de la mort de Didace, dans la revue *Gants du ciel*, dès juin 1945, deux mois après la publication du *Survenant* et plus de deux ans avant la parution de *Marie-Didace*. C'est dire l'importance qu'elle attachait à cette scène.

CHAPITRE 7

~

TEMPS ET STRUCTURE

Situation générale

Dans le rang du Chenal du Moine, au fond de la paroisse de Sainte-Anne-de-Sorel, vivent depuis des générations quelques familles paysannes, presque entièrement repliées sur elles-mêmes : les Beauchemin, les Provençal, les Desmarais, les Salvail, etc. Fidèle à ses traditions, cette petite collectivité a depuis longtemps appris à se soumettre aussi bien aux caprices de la nature qu'aux prescriptions rituelles de l'Église catholique organisées autour du cycle de Noël ou de l'Incarnation (débutant le premier dimanche de l'Avent), d'une part, et, d'autre part, du cycle de Pâques ou de la Rédemption. Ensemble, ces deux cycles forment l'année liturgique, dont le déroulement épouse ainsi intimement le rythme des saisons, avec ses deux temps forts que sont l'automne, quand tout s'endort, et le printemps, où tout s'éveille. On ne saurait s'étonner, dans ce contexte, d'entendre les vieux évoquer année après année l'« épouvantable débâcle du mercredi saint de 1865 » (chap. XI, p. 120) dans les îles de Sorel. De même, rien ne paraît plus naturel à ces paysans que de régler leurs activités sur le calendrier liturgique : on fait boucherie « à la première grosse gelée après la Notre-Dame » (chap. III, p. 41), c'est-à-dire après la fête de l'Immaculée Conception (8 décembre) et on rassemble le troupeau, sur la commune ou île du Moine, pour le faire rentrer à l'étable, « la saint Michel sonnée » (chap. XIV, p. 158), donc après la fête de l'archange saint Michel, célébrée le 29 septembre.

Chaque famille vit sur une terre d'une vingtaine d'hectares que les ancêtres ont défrichée et essartée à la force de leurs bras afin d'y faire lever sarrasin, foin et avoine. Ils y ont bâti une maison pièce sur pièce, humble, trapue et massive, élevé un fournil et construit granges, remise, tasserie et appentis. La terre des Beauchemin forme une bande qui se déroule « comme un drap de lin tendu de la baie de Lavallière jusqu'au chenal » (chap. II, p. 25). Quand s'ouvre *le Survenant*, nous sommes à la fin d'une journée de l'automne 1909, et le père Didace vient de terminer ses labours. Harassé par ce dur labeur, Didace ne se hâte cependant pas de rentrer chez lui. Depuis qu'il a perdu sa femme l'hiver précédent, il fuit sa maison, comme si elle avait perdu « sa vertu chaleureuse » (chap. II, p. 28), vertu que sa belle-fille Alphonsine est incapable de lui rendre. Amable, « revenu des champs à moitié éreinté » (chap. II, p. 29), n'a pas trouvé mieux que d'aller s'étendre sur le canapé d'en haut. Impossible de compter sur ce fils unique sans endurance pour prendre la relève et faire « valoir le nom des Beauchemin » (chap. II, p. 30), dont le long « règne » (on en est à la sixième génération) risque ainsi de prendre brutalement fin. Cette inquiétante perspective suffit à expliquer le caractère bourru de Didace, chef de famille obsédé par le problème que pose sa succession.

Ainsi présentée, la situation initiale du *Survenant* s'apparente au thème folklorique du « roi malade » qui traduit l'idée que le pays et la collectivité, symbolisés par le roi, sont entrés dans une crise grave conduisant « à la pétrification, à l'éclatement et à la destruction ». « Dans les contes populaires, le problème est résolu par le remplacement du vieux roi par un jeune héros providentiel qui franchit avec succès toutes les épreuves de son initiation[1]. »

Dans le roman de Germaine Guèvremont, le royaume sur lequel le père Didace continue tant bien que mal de régner menace ruine. Mathilde morte, c'est la « reine » qui a disparu, en même temps que « le symbole de la souveraineté sans laquelle le roi reste impuissant[2] ». Amable-Didace, le fils et héritier légitime, se montre incapable d'assumer le rôle qui lui est dévolu, et il en va de même de sa jeune femme, Alphonsine Ladouceur, indigne du titre de « reine et maîtresse dans la maison » qui est désormais le sien. Ainsi la situation paraît, dès le départ, irrémédiablement compromise, et rien ni personne ne paraît pouvoir restaurer l'image du père Didace « en lui faisant retrouver la souveraineté perdue[3] ». Deux solutions vont cependant tour à tour se présenter, qui toutes deux échoueront. En se remariant, comme le Survenant le lui suggérera, le père Didace pourrait espérer avoir d'autres enfants : c'est ce à quoi il finira par se résoudre à la fin du roman ; l'Acayenne succédera à Mathilde, usurpant du même coup la place et le rang d'Alphonsine. *Marie-Didace* exposera en détail les conséquences dramatiques de ce choix. Mais avant de se résigner à remplacer la « reine morte » et à chercher pour ainsi dire en la femme le salut du royaume, le père Didace va longtemps caresser l'espoir de voir le Survenant lui succéder. L'étranger séduisant et comblé de tous les dons, qui un soir d'automne frappe providentiellement à la porte des Beauchemin, ne peut incarner, aux yeux de Didace ébloui, que le fils idéal appelé de tous ses vœux, le héros susceptible de restaurer une autorité et un pouvoir en danger. Grand, fort, travailleur, habile et agréable de sa personne, le Survenant ne laisse personne indifférent. Il séduit, il fascine ceux et celles qui, comme Didace, Joinville, Angélina et Alphonsine, voient en lui une réponse à leurs aspirations ou à leurs désirs ; il irrite en revanche ceux à qui il fait de l'ombre : Amable au premier chef, mais aussi Odilon et Pierre-Côme Provençal.

Contrairement au clan des Beauchemin, celui sur lequel règne Pierre-Côme Provençal paraît prospère et florissant. Odilon y occupe le premier rang dans l'ordre de la succession. Robuste et vaillant, il fait, à l'opposé d'Amable, l'orgueil de son père. Toutefois, l'arrivée du Survenant revivifie la famille Beauchemin et lui redonne l'avantage sur celle des Provençal, qui apparaît de plus en plus figée dans un conservatisme étouffant et vouée à la pétrification. Libre de toute entrave, doué de multiples qualités, le Survenant incarne les valeurs modernes que sont la curiosité, l'ouverture et la disponibilité d'esprit. Allergique aux usages sclérosés et aux interdits que la société multiplie frileusement pour mieux se protéger, il n'hésite pas à les transgresser, à l'instar du chevalier Lancelot, pour qui, semble-t-il, « seule la subversion est source de progrès[4] ». Si elle scandalise les hypocrites et les pusillanimes, cette attitude subversive constitue aux yeux des plus réceptifs une véritable éthique. C'est le cas de Didace et d'Angélina, qui, pour l'amour du Survenant, s'efforcent de le suivre, prêts à se mettre à l'école de la liberté. C'est le cas aussi du jeune Joinville sur lequel le Survenant, exerce un réel ascendant, au point que le disciple, cherchant à « singer » son maître, ira jusqu'à prendre ses défauts, comme le déplorera Didace. Cette influence, les Provençal ne pourront que la trouver pernicieuse, surtout quand Joinville se sera mis à boire pour imiter son modèle. Le « héros providentiel » qu'est le Survenant n'est en effet pas un saint, et il ne faut pas moins que l'aveuglement du père Didace pour se bercer jusqu'au bout d'illusions à son sujet.

Aux yeux de Didace, en effet, le rôle du Survenant est de régénérer la famille — et, plus largement, la paroisse — en assurant le retour de l'équilibre rompu depuis la mort de Mathilde. À la suite de ce décès, le père Didace a en effet pris conscience de la précarité du clan sur lequel il règne, plus aucun rempart ne se dressant entre lui et son fils, dont la médiocrité lui apparaît dorénavant dans toute sa crudité.

Temps et récit

Le repère chronologique principal du diptyque de Germaine Guèvremont (la date de l'« élévation » des deux granges neuves de Didace) nous est fourni au chapitre IV du *Survenant*. Nous sommes à l'automne 1909.

Le Survenant couvre une période d'environ douze mois (d'octobre 1909 à octobre 1910). Avec ses 190 pages, on peut dire que la moyenne est de 16 pages par mois ; mais le rythme n'est pas constant. D'abord lent dans les neuf premiers chapitres (octobre-novembre-décembre : 70 pages ÷ 3 = 23 pages en moyenne, ce qui correspond exactement aux 23 pages du seul chapitre X, apogée du roman, consacré au fricot du 2 janvier 1910 chez les Salvail), le rythme s'accélère (les sept pages du chapitre XI, par exemple, couvrent une période de deux mois et demi : du début de janvier à la mi-mars) pour ralentir de nouveau (chapitres XII à XVI : 71 pages couvrant une période de six mois, avec ellipses, d'où une moyenne de 12 pages par mois) et retrouver finalement, après le départ du Survenant, le rythme initial (chapitres XVII à XIX : 22 pages couvrant une période d'environ un mois : début de septembre au début d'octobre).

Le rythme de *Marie-Didace* est plus régulier que celui du *Survenant*, comme si, depuis le passage en coup de vent du Grand-dieu-des-routes, le Chenal du Moine retrouvait sa lenteur habituelle. La première partie de *Marie-Didace* comporte 135 pages et elle va d'octobre 1910 à avril 1911, soit une période de six mois, pour une moyenne de 22 pages par mois. Cette régularité se retrouve dans les 68 pages de la seconde partie, si l'on consent seulement à mettre entre parenthèses les trois ou quatre premières pages, qui, pour les besoins de la cause, font passer en un véritable *glissando* Marie-Didace de l'âge d'un mois à l'âge de six ans. Cela nous conduit certes objectivement en juin 1917, mais le saut est si brusque que le lecteur n'en prend pas conscience. Malgré les quelques allusions à la Grande Guerre, l'impression prévaut que quelques mois seulement se sont écoulés depuis la fin de la première partie, si bien que l'on pourrait se croire en juin 1911. Temps objectif et temps psychologique ne coïncident pas ici. Quoi qu'il en soit, la seconde partie de *Marie-Didace* couvre, une fois les quatre premières pages retranchées, une période de trois mois (juin-septembre 1917), ce qui équivaut à une moyenne de 21 pages par mois, chiffre analogue à celui de la première partie.

Un examen plus attentif révèle cependant certaines variations dans la vitesse du récit. La première partie — exactement deux fois plus longue que la deuxième, aussi bien pour le nombre de mois (six contre trois) que pour le nombre de pages (135 contre 68) — dessine une ample courbe concave. À l'opposé, c'est une courbe convexe qui se dégage de la seconde partie. Mises bout à bout, ces deux paraboles forment une longue courbe sinusoïdale à trois axes. On constate aussi que l'amplitude des variations épouse le même mouvement pendulaire dans *le Survenant*, avec cette différence, toutefois, que l'oscillation, plus lente, y est double au lieu d'être triple. Ainsi, en reliant les deux romans — qui après tout forment un diptyque —, on s'aperçoit que Germaine Guèvremont a imposé à l'ensemble de son récit le rythme des vagues ou de la respiration, assimilable aux lents mouvements vibratoires ou aux ondes qui animent la nature.

*

* *

On a beaucoup critiqué, et même raillé, l'accélération temporelle que Germaine Guèvremont imprime à *Marie-Didace* au chapitre premier de la seconde partie. En quelques pages, on passe de la mi-mai 1911 à juin 1917. Mais pourquoi lui reprocher à elle un artifice que l'on trouve si naturel ailleurs, aussi bien au cinéma que dans la littérature en général ? Le temps, en art, est pure convention. Peut-être le tort de Germaine Guèvremont vient-il de ce qu'elle n'a pas voulu ou osé transporter brusquement son lecteur de la mi-avril, date de la naissance de Marie-Didace, à l'été 1917. Après tout, ce dont elle avait besoin, c'était d'une ellipse de six ans lui permettant de conduire Marie-Didace au seuil de l'« âge de raison ». Au lieu de ménager des étapes, ce qui ne fait qu'attirer l'attention sur le caractère artificiel du procédé, sans doute eût-il mieux valu faire carrément le saut. À six ans, Marie-Didace possède déjà une personnalité ; de ce fait, elle est en mesure de s'inscrire de manière plausible dans la trame romanesque.

On a prétendu aussi, mais à tort cette fois, que Germaine Guèvremont avait commis l'erreur de déplacer l'attention sur Marie-Didace au détriment de sa mère. En fait, bien loin de rejeter dans l'ombre le conflit larvé qui oppose Phonsine à l'Acayenne, la présence de l'enfant contribue à l'accentuer, libérant du même coup les forces souterraines de la folie et de la mort, au travail depuis les premières pages du roman. Marie-Didace n'usurpe en rien le rôle de personnage principal, dévolu à Phonsine ; victime de la mésentente qui règne entre sa mère et sa grand-mère, elle constitue un « élément de discorde », les deux femmes se disputant son affection. Elle sert aussi occasionnellement de témoin, à la fois innocent et lucide, des querelles des grandes personnes, sans toutefois vraiment en souffrir, les adultes n'hésitant pas à éloigner l'enfant, comme le fait Marie-Amanda au début du chapitre IV, au moment où elle s'apprête à écouter les doléances de Phonsine : « Marie-Amanda fronça les sourcils. Les lamentations allaient recommencer. Elle se hâta d'envoyer l'enfant » (II chap. IV, p. 202).

Mais le rôle le plus fondamental de Marie-Didace, et qu'aucun critique n'a mis en valeur, consiste à briser définitivement le cercle lénifiant du passé mythique et à faire entrer le Chenal du Moine dans la temporalité, bornée par la mort. Ainsi s'explique l'accélération considérable de la vitesse du récit qui caractérise le début de la seconde partie de *Marie-Didace*. Dans la première partie, deux fois plus longue que la seconde, le temps est relativement dilaté, puisqu'il embrasse une période de six mois, le récit prenant un tournant avec la naissance de Marie-Didace. Ensuite, le temps ne se ralentit plus jusqu'en juin 1917, quand l'enfant atteint l'âge de six ans, après quoi le roman devient, dans les cinq derniers chapitres, le lieu d'inscription du destin. Une fois rompue l'éternité mythique, symbolisée par la figure du patriarche Didace, « fils de Didace » (*le Survenant*, chap. I, p. 20), le temps destructeur peut faire son entrée au Chenal du Moine. Désormais plus rien ne peut sauver les personnages du vieillissement et de la mort. La fatalité est en marche. Pendant que le Chenal du Moine traditionnel va inéluctablement à sa perte, au fil des quelques mois qui marquent la courbe descendante de la seconde partie (juin-septembre 1917), Marie-Didace prend calmement sa place dans un monde nouveau, ouvert à tous les possibles. Enfant sauvage liée à la nature, elle sert en quelque sorte de témoin extérieur, chargé par le narrateur de scander la marche du destin : guerre, mort du père Didace, maladie et mort de l'Acayenne, folie de Phonsine, disparition du Survenant.

Ne restent plus, à la fin, sur les ruines du vieux Chenal du Moine, qu'une « veuve » roide — Angélina, portant le deuil du Survenant, « mort au champ d'honneur » — et une petite fille énergique, dernier rejeton des Beauchemin, le regard résolument tourné vers l'avenir.

Cette enfant, n'en doutons pas, Germaine Guèvremont l'a conçue à son image et à sa ressemblance, ainsi qu'on l'a montré dans un précédent chapitre. Avec Marie-Didace, que le narrateur nous décrit « les yeux mi-clos, comme une petite chatte, toute à sa vie secrète, l'oreille collée au sol, [écoutant], par ce midi de juin, sa première musique de la terre » (II chap. I, p. 163), le roman glisse subrepticement vers l'autobiographie, Germaine Guèvremont ressuscitant, grâce à son personnage, l'enfant qu'elle fut à six ans et que l'on surnommait Manouche.

Partie de l'autobiographie, Germaine Guèvremont y revient donc comme malgré elle. Le temps vertical, cyclique, cède la place au temps horizontal, celui de l'histoire. *Le Survenant* ou l'hymne aux temps héroïques, *Marie-Didace* ou le crépuscule des héros mythiques : voilà comment on pourrait résumer ces deux œuvres exceptionnelles, intimement liées dans l'imaginaire québécois, grâce à la puissance de séduction qu'exerce sur le lecteur l'évocation d'un passé révolu — paradis perdu de l'enfance —, grâce aussi à la fascinante présence de personnages inoubliables.

Marie-Didace, elle, est moins un personnage romanesque qu'un double de Germaine Guèvremont. Bien sûr, on peut évoquer (comme on l'a fait ailleurs) son ascendance solaire, mythique, puisqu'elle a pour « père » le Survenant, et pour mère adoptive Angélina, « veuve » du Grand-dieu-des-routes. Mais elle tire sa substance, d'abord et avant tout, de la petite Germaine Grignon, cette enfant sensible qui, « allongée sur l'herbe, [écoutait] longtemps longtemps les sourds accents de vie qui levaient de la terre[5] ».

Organisation dramatique

L'intrigue du *Survenant* a la netteté et la simplicité d'une tragédie sans en avoir le caractère funeste. L'attention, loin de s'y disperser, est concentrée sur un seul personnage, le Survenant, susceptible de résoudre un double problème : la succession de Didace Beauchemin et la solitude d'Angélina Desmarais. Bien que les intérêts de Didace et d'Angélina diffèrent, les deux intrigues sont étroitement liées ; elles progressent parallèlement et elles reçoivent ensemble leur dénouement : le départ du Survenant signifie la fin des espoirs d'Angélina de sortir de sa réclusion et l'obligation pour Didace de chercher une autre solution au problème que pose sa succession en se tournant du côté de l'Acayenne. Dans ce dernier cas, il s'agit d'une fin ouverte.

On le voit, cette « action simple, chargée de peu de matière », à la manière des pièces de Racine, ne requiert que peu de personnages principaux. Ils sont trois, deux hommes et une femme, et ils nous sont présentés dès l'exposition. Pour des raisons d'efficacité, Germaine Guèvremont rompt avec le monotone exposé de la situation initiale. En inversant les deux premiers chapitres, elle donne à l'arrivée soudaine du Survenant un relief et un caractère dramatique extraordinaire qui piquent la curiosité du lecteur et captent son attention. Une fois séduit, le lecteur est prêt à prendre connaissance de la situation apparemment sans issue dans laquelle se trouvent respectivement Didace et Angélina, ce que Germaine Guèvremont résume dans le chapitre II en recourant au procédé de l'analepse ou du retour en arrière (*flash-back*). L'irruption du Survenant équivaut pour Didace (et cela vaut également pour Angélina) à l'avènement d'un sauveur. Ce séduisant étranger, comblé de tous les dons, ferait pour le père Beauchemin un excellent héritier et un mari rêvé pour Angélina. L'espoir que l'un et l'autre mettront en ce personnage « aux semelles de vent » ne pourra toutefois qu'être déçu. Fidèle à sa vocation d'aventurier et conformément à son surnom, il repart comme il est venu, conduisant ainsi le roman à son dénouement : la jeune femme s'enferme dans son célibat et dans ses souvenirs, tandis que Didace se rabat sur une solution de rechange.

L'initiative finale du père Didace, qui succède à un moment d'abattement, est tout à fait conforme à son caractère énergique. Son attitude positive face à la vie et au destin, si elle rappelle l'optimisme du Survenant, contraste singulièrement avec la propension d'Angélina à la mélancolie et à l'introversion. Tel un astre soudain apparu un soir d'automne dans le ciel crépusculaire du Chenal du Moine, le Grand-dieu-des-routes a illuminé un instant le cœur d'Angélina et redonné vigueur à Didace avant de disparaître à l'horizon un an plus tard, après avoir accompli sa révolution.

Ainsi, comme d'instinct, Germaine Guèvremont se conforme aux règles des trois unités que s'imposait le théâtre classique : l'action, réduite à une intrigue unique, se déroule en un an, d'octobre 1909 à octobre 1910, et pour l'essentiel en un seul lieu clos, le Chenal du Moine. Cette concentration confère au roman l'intensité, l'intériorisation et la profondeur le plus sûrement capables de susciter l'émotion du lecteur. L'évidente sympathie que Germaine Guèvremont éprouve pour ses personnages contribue à les rendre encore plus attachants. Les plus forts, comme le Survenant et Didace, connaissent des instants de faiblesse ou d'abattement qui révèlent leur fragilité, pendant que, sous son apparente débilité, Angélina cache une grande force de caractère et beaucoup de dignité. Noire de chevelure, laide et infirme, elle connaît l'amour pour la première fois à trente ans passés et l'homme auquel elle s'attache est le contraire absolu d'elle-même : il est beau, roux et sain. De plus, il est mené par deux passions, l'alcool et la route, par contraste avec Angélina, qui est sobre, économe et casanière.

Le récit de l'amour pathétique d'Angélina pour le Grand-dieu-des-routes constitue, avec l'amitié passionnée que le père Didace éprouve pour le même personnage en qui il se découvre un « fils » digne de ce nom, l'action principale du *Survenant*. Sur elle se greffent des épisodes secondaires, mettant en scène des personnages moins importants, qui enrichissent le roman et lui confèrent le rythme, le chatoiement et la diversité dont toute œuvre d'envergure a besoin, comme d'oxygène, pour vivre et durer. Ainsi, pour mieux matérialiser l'inquiétude du père Didace, Germaine Guèvremont lui a-t-elle donné un fils unique inapte à lui succéder et une belle-fille apparemment stérile.

Ce dernier personnage, Alphonsine, par sa complexité et l'ambivalence de ses sentiments à l'égard du Survenant, est l'une des figures féminines majeures du roman, et c'est à elle qu'est dévolu le premier rôle dans *Marie-Didace*. Par ailleurs, pour dramatiser la situation de la lignée des Beauchemin, la romancière a imaginé d'opposer à la dynastie agonisante des Beauchemin la florissante famille de Pierre-Côme Provençal, avec ses quatre filles et ses quatre garçons, « robustes, vaillants et forts » (chap. II, p. 26), et elle a fait du fils aîné, Odilon, le prétendant éconduit d'Angélina et, du même coup, le rival du Survenant.

Le schéma suivant, qui emprunte volontairement sa no-menclature au théâtre classique, illustrera ce que l'on vient de dire :

Schéma du *Survenant*

[1 jour]   1. *Exposition* (arrivée du Survenant ; situations de la famille Beauchemin et d'Angélina) : chap. I-II (octobre 1909)

[12 mois]   2. *Nœud* (chap. III-XVIII : oct. 1909-sept. 1910)

[2 mois]   a) *l'action se noue* (chap. III-IX : oct.-24 déc. 1909)

                                  i) Angélina et le Survenant/Alphonsine et le Survenant : chap. III-V (oct. 1909)

                                  ii) Didace et le Survenant : chap. VI-VII (nov. 1909)

                                  iii) [Pause] Didace et Marie-Amanda : chap. VIII-IX (déc. 1909)

[2 mois et demi]   b) *1ʳᵉ péripétie* (le Survenant c. Odilon/Alphonsine et le Survenant ivre après une fugue) : chap. X-XII (31 déc. 1909-16 mars 1910)

[3 mois et demi]   c) *2ᵉ péripétie* (le Survenant trahit Angélina, puis se réconcilie avec elle) : chap. XIII-XV (17 mars-juin 1910)

[Ellipse de 3 mois]

[Quelques jours]   d) *Sommet pathétique* (départ du Survenant /souffrance d'Angélina et de Didace) : chap. XVI-XVIII (sept. 1910)

[1 jour]   3. *Dénouement* (Didace décide d'épouser l'Acayenne) : chap. XIX (octobre 1910).

En appliquant le même schéma à *Marie-Didace*, on met en évidence la netteté de composition de l'œuvre dont la division en deux parties risque de voiler la profonde unité. Tour à tour, Amable, Didace, l'Acayenne et Phonsine, poursuivis par une espèce de malédiction, sont emportés par la mort ou la folie. On aurait cependant tort d'en conclure que *Marie-Didace* n'est qu'un banal mélodrame ; c'est pourtant ce que fait Gérard Tougas, qui ne veut y voir — vision réductrice, s'il en est — qu'une « suite de malheurs qui viennent frapper, on ne sait trop comment, les Beauchemin[6] ». *Marie-Didace* s'apparente plutôt à un drame, voire à une tragédie évoquant l'implacable marche du destin :

Schéma de *Marie-Didace*

[1 jour]   1.   *Exposition* (situation de la famille Beauchemin après le départ du Survenant ; entrée de l'Acayenne dans la famille Beauchemin ; hostilité de Phonsine et d'Amable) : chap. I-II (octobre 1910)

[7 ans]   2.   *Nœud* (première partie, chap. III-XV, et seconde partie, chap. I-V : oct. 1910-sept. 1917)

[4 mois]   a)   l'*action se noue* (chap. III-X : oct. 1910-fév. 1911)

   i)   Première querelle entre Amable et Didace : chap. III (oct. 1910)

   ii) Visite de Marie-Amanda ; veillée chez les Beauchemin ; corvée de savon et visite de Zarovitch ; ramassage des animaux sur la commune : chap. IV-VII (oct.-nov. 1910)

   iii) Confidences d'Angélina à Marie-Didace : chap. VIII (déc. 1910)

   iv) Noces de Lisabel Provençal ; mort de Canard Péloquin : chap. IX-X (janv.-fév. 1911)

[2 semaines]   b)   *1re péripétie* (seconde querelle entre Amable et Didace ; départ d'Amable ; Didace chez le notaire ; premières douleurs de Phonsine) : chap. XI-XIV (27 mars-13 avril 1911)

[1 jour]   c)   *2e péripétie* (naissance de Marie-Didace ; mort d'Amable) : chap. XV (Vendredi saint, 14 avril 1911)

[Ellipse de 6 ans]

[1 jour]   d)   *Pause* (Marie-Didace à six ans ; Didace et Pierre-Côme Provençal) : seconde partie, chap. I (juin 1917)

[3 semaines]   e)   *Sommet pathétique* (cauchemars de Phonsine ; mort de Didace ; mort de l'Acayenne ; folie de Phonsine) : seconde partie, chap. II-V (août-sept. 1917)

[1 jour]   3.   *Dénouement* (mort du Survenant ; deuil d'Angélina) : seconde partie, chap. VI (sept. 1917).

Dans ce second roman, l'action, quoique moins concentrée que dans *le Survenant*, se développe imperturbablement, sans que rien puisse empêcher le temps de faire son œuvre de mort. Une fois la machine en marche, les événements s'y déroulent avec une sorte de sombre fatalité, où la volonté humaine n'a pas sa part. C'est Phonsine, personnage éminemment tragique, qui évoque cette impression de fatalité avec le plus de lucidité :

> ∼ Le Survenant n'avait pas porté bonheur aux Beauchemin. Vrai, sa puissance magnétique n'avait plus guère de reflet sur eux ; mais le sillon de malheur qu'il avait creusé inconsciemment autour de leur maison, six ans plus tard le temps ne l'avait pas encore comblé. Cette femme, l'Acayenne, elle n'était pas des leurs, elle les frustrait d'une part du vieux bien et sans cesse elle les menaçait de la présence du fils de son Varieur ; cette femme, qui prenait toujours la part de Marie-Didace et qui se faisait aimer de l'enfant au détriment de Phonsine, c'était le Survenant qui l'avait présentée au père Didace. Sans elle, sans son œuvre sournoise, Amable n'aurait jamais quitté le Chenal du Moine, et il ne serait pas mort. Chaque nuit, Phonsine ne retrouverait pas la sombre hantise de voir sa petite tomber dans le puits (II chap. III, p. 187). ∼

Phonsine ignore encore, à cette heure, que le mal dont souffre le père Didace est mortel et que le destin, inexorable, la laissera bientôt hagarde au chevet de l'Acayenne, morte dans son sommeil d'une trop forte dose de « petites pilunes bleues » (II chap. IV, p. 209).

Notes

1. Jean-Claude Aubailly, éd., Chrétien de Troyes, *Lancelot ou le Chevalier de la charrette*, Paris, Garnier-Flammarion, 1991, p. 434.

2. *Ibid.*

3. *Ibid.*

4. *Ibid.*, p. 48.

5. Germaine Guèvremont, « Le tour du village », [2], *Paysana*, vol. 4, n° 4, juin 1941, p. 10.

6. Gérard Tougas, *la Littérature canadienne-française*, 5ᵉ éd., Paris, Presses Universitaires de France, 1974, p. 181.

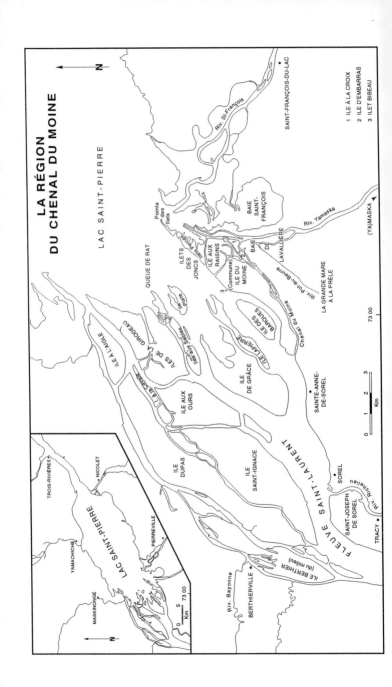

LA RÉGION
DU CHENAL DU MOINE

LAC SAINT-PIERRE

1 ILE À LA CROIX
2 ILE D'EMBARRAS
3 ILET BIBEAU

~

CHAPITRE 8

ESPACE
ET PERSONNAGES

Cadre

Le Chenal du Moine, au bord du lac Saint-Pierre, avec ses îles, ses chenaux et ses fermes à l'intérieur des terres, participe à la fois de l'eau, de l'air et de la terre. Avec ses cheveux roux, couleur de feu, le Survenant complète la série des quatre éléments qui sont à la base de la nature et du cosmos.

Situé au bout du monde (le Chenal du Moine part de Sainte-Anne-de-Sorel pour aller mourir dans l'île d'Embarras), c'était encore, au début du siècle, un lieu isolé et clos, l'un des derniers bastions du traditionalisme canadien-français. Là vivait, sous la houlette du curé et l'autorité du maire, une petite communauté conformiste, établie depuis des générations et à peu près fermée à toute influence extérieure, avant l'ère de l'électricité, du téléphone, de la radio, de la télévision et de l'automobile. Bien que rural et agricole, le Chenal du Moine est un pays d'eau, vivant au rythme des saisons, des migrations de canards et des inondations, particulièrement fréquentes dans les basses terres. Les habitants y étaient donc à la fois paysans et chasseurs.

Cet univers extraordinairement poétique et magique devait servir de cadre à l'une des œuvres majeures de la littérature québécoise.

Description topographique

Conformément à la tradition du roman réaliste, Germaine Guèvremont a situé l'action du *Survenant* et de *Marie-Didace* dans un espace parfaitement identifiable : le Chenal du Moine, tel qu'il lui avait été donné de le découvrir et de l'apprivoiser, entre 1920 et 1935.

Au sud, au bout de la terre des Beauchemin, s'étendent le territoire giboyeux de la baie de Lavallière traversée par la rivière du Pot-au-Beurre, la Grande Mare et le lieu-dit « À la Prèle ». Au nord, à perte de vue, les îles du lac Saint-Pierre, entre lesquelles courent d'innombrables chenaux que l'on parcourt en canot. Parmi ces îles se détache au premier plan, face à la maison des Beauchemin, la grande île du Moine, la plus célèbre des communes ou pâturages communs du Chenal du Moine.

À quelques kilomètres à l'ouest, voici Sorel. Le transport et la navigation, ainsi que la construction et la réparation navales, lui donnent cette physionomie si particulière, propre aux petites villes dotées d'un complexe portuaire. Douillettement nichée au confluent de la rivière Richelieu et du fleuve Saint-Laurent (que les anciens appellent toujours la « Grand-Rivière »), Sorel s'active tout le jour au port pour mieux lui tourner le dos au crépuscule et s'abandonner au repos de ses paisibles quartiers intérieurs. Quant aux affaires, elles se concentrent, comme la vie nocturne, place du Marché, à deux pas du bassin du port et de l'emplacement de l'ancien fort Richelieu, où s'élèvent depuis 1929 les hauts silos à grains.

C'est là qu'on trouvait jadis, du temps de Germaine Guèvremont, l'hôtel City (sur le site de l'actuelle Brasserie au Tricolore), l'hôtel Saurel (actuelle Place de l'Entraide), de même que les hôtels Frontenac (14, rue Georges) et Carlton (31, rue du Roi). À l'angle de la rue Augusta sud et de la rue de la Reine, à l'emplacement de l'actuel Lave-auto Roger, devait se trouver le magasin de vêtements que la romancière appelle « L'Ami du Navigateur » et qui aurait été tenu par un « Syrien » : il devait s'agir du magasin général Michel Ayoub (qui vendait aussi des vêtements pour hommes), situé 4, puis 8, rue Augusta et qui emménagea au 53 de la même rue en 1971. En face de « L'Ami du Navigateur », le Marché Richelieu et, au 1, rue Augusta nord, à l'angle de la rue de la Reine, l'hôtel City, devenu en 1941 « l'Auberge du Marin » (« le rendez-vous de la population ouvrière de Sorel aussi bien que des marins », disait la publicité). C'est le trottoir en face de cet hôtel qu'Angélina doit arpenter, le Samedi saint, dans l'espoir d'en voir sortir le Survenant auquel elle a donné rendez-vous chez le « Syrien ». Tout près aussi, la « Petite-Rue », que l'on n'évoque pas sans rougir, aussi bien dans le *Survenant* que dans *Marie-Didace*, parce que s'y trouvaient hôtels, tavernes et autres établissements fréquentés en particulier par les marins de passage.

La rue du Roi, qui longe le Richelieu, prend le nom de chemin des Patriotes à la sortie sud de la ville, en direction de Saint-Ours. Angélina et le Survenant empruntent ce chemin un dimanche d'été, en voiture légère, tirée par le Blond (chap. XV, p. 167 s.). Non loin de la « maison du Gouverneur » et du « Petit Bois de la Comtesse [de Dalhousie] », des bohémiens ont établi leur campement. Au grand scandale d'Angélina, le Grand-Dieu-des-routes saute de voiture, séduit par le sourire d'une jeune « gipsy » qui s'offre à lui dire la bonne aventure. Pour rentrer au Chenal du Moine, ils repassent place du Marché, puis obliquent vers la droite. Après avoir traversé le quartier du « Petit Fort », à l'extrémité est de Sorel, entre l'église Saint-Pierre et le fleuve, puis franchi le ruisseau Jean, où « les Iroquois allaient tremper leurs armes dans les premiers temps de la colonie » (*Marie-Didace*, II chap. I, p. 166), voici le village de Sainte-Anne-de-Sorel. L'église s'y dresse, majestueuse, face au fleuve et à l'île de Grâce, où habite Marie-Amanda et d'où s'entend, « quand le temps est écho », la « Pèlerine », cloche de près d'une tonne fabriquée en France et bénite le 28 juillet 1901. Le chemin de Sainte-Anne, qui devenait autrefois « méchant sans bon sens » (*le Survenant*, chap. XIX, p. 218) à l'approche de l'hiver, ramène au Chenal du Moine et à la minuscule îlette au Pé, où, en 1957, Germaine Guèvremont s'était fait construire un chalet. Un pont suspendu, seul capable de résister à la débâcle, la relie à l'île aux Fantômes, elle-même amarrée à la terre ferme par un pont de bois.

Les personnages

a) Le Survenant

Venu de nulle part, sans passé, sans nom, le Survenant est l'une des figures les plus fortes de la littérature québécoise. Ni tout à fait coureur de bois, ni bûcheron, ni draveur, il n'est pas non plus vraiment un homme des villes et il ne saurait en aucune façon être confondu avec les habitants du Chenal du Moine, repliés sur eux-mêmes et prisonniers des structures sociales traditionnelles. Personnage ambigu par excellence, le Grand-dieu-des-routes partage avec les héros mythiques le goût de l'aventure, de l'alcool, du plaisir et des rixes propres aux nomades incapables de supporter la moindre entrave ou la plus petite contrainte d'ordre social. Comblé par ailleurs de tous les dons, il est adroit à l'ouvrage, agréable aux femmes, bon chanteur, excellent conteur, musicien, habile artisan, beau et fort de surcroît, mais il est d'abord et avant tout attaché à sa liberté. Profondément individualiste, en même temps qu'il est capable de dévouement et de générosité, il fascine par son charisme, son originalité et la richesse de sa personnalité, mais aussi par l'aura de mystère qui l'entoure et qu'il cultive jalousement comme pour protéger une secrète fragilité intérieure que son goût immodéré pour l'alcool finit par trahir. Son interjection préférée (« Ah ! neveurmagne ! » = « Peu importe ! »), qu'Alphonsine prend pour un juron, caractérise à la perfection l'air d'indifférence qu'il affiche en tout temps et que d'aucuns prennent pour de l'insolence ou de l'arrogance, d'où le surnom de « fend-le-vent » dont on l'affuble parfois.

Pendant douze mois, le Survenant va partager la vie du Chenal du Moine. Tel le soleil, dont il partage quelques-uns des attributs (il a les cheveux d'un roux flamboyant et il porte un *mackinaw* rouge et vert), le Survenant dégage une chaleur, une sensibilité et une énergie auxquelles personne ne peut rester indifférent. Angélina tombe amoureuse de lui au premier regard et brûle jusqu'au bout du feu de la passion qu'il a inconsciemment allumé en elle ; sous ses airs bourrus et faussement agressifs, Alphonsine cache mal les sentiments qu'il fait naître en elle, grâce, certes, à la délicatesse et à la prévenance dont il fait preuve à son égard, mais surtout à cause de la fragilité qu'elle devine en lui ; pour sa part, le vieux père Didace est ébloui par la force, la franchise, la droiture et l'adresse de cet homme de trente ans, parfaitement sain et équilibré et qui symbolise au plus haut degré l'ardeur et la vie ; ces mêmes qualités, enfin, subjuguent le jeune Joinville Provençal, séduit par le charme qui émane de l'étranger et envoûté par la magie de son verbe. Seuls Pierre-Côme Provençal et Amable paraissent rester insensibles au magnétisme du Survenant : le premier se drape dans le manteau de son autorité de maire et de gardien jaloux des valeurs traditionnelles ; le second, faible et méprisé par son père, ne peut qu'être opposé à celui qui menace de prendre sa place. Mais personne n'est plus hostile au Survenant qu'Odilon Provençal qui devine immédiatement en lui un rival capable de lui ravir son titre de « coq du village ».

Tel un soleil, le Grand-dieu-des-routes accomplit sa révolution, d'un équinoxe à l'autre, puis disparaît après avoir parcouru sa course. Quand il repart, un an plus tard, à l'automne 1910, pour reprendre sa vie d'aventurier, il a, tel un catalyseur, révélé les habitants du Chenal du Moine à eux-mêmes en leur faisant prendre conscience aussi bien de leurs limites que de leur richesse. Après son passage, plus rien ne sera pareil pour ces sédentaires à qui il aura montré la voie de la modernité. La Grande Guerre se chargera bientôt de les conduire du statisme de la vie agricole au dynamisme de la société de consommation : les valeurs collectives et patriarcales que sont la fidélité à la terre, le culte de la famille et la glorification du passé céderont peu à peu la place aux valeurs plus individuelles et plus fertiles que représentent l'imagination, l'aventure, l'amour et la générosité.

On le voit, *le Survenant* est, à l'instar de toute grande œuvre, le lieu de conflits idéologiques, et sa valeur esthétique découle pour une bonne part de la force de ces antagonismes qu'un héros subversif est chargé, par sa seule présence, de susciter.

Mais fascinée elle-même plus que tout autre par son propre personnage, Germaine Guèvremont n'avait pas résisté à la tentation de lever, dans le chapitre final, le mystère dont elle s'était pourtant efforcée de l'entourer.

Jaloux de sa vie privée, le Survenant garde en effet le plus grand secret, aussi bien sur son identité que sur son passé. Les quelques rares confidences auxquelles il lui arrive de consentir ne suffisent pas à dissiper le mystère qui l'enveloppe et qui contribue pour l'essentiel à son pouvoir de séduction. Les allusions qu'il fait à l'occasion à la vie de chantier et à son expérience du « vaste monde » confirment simplement son statut de nomade et de bourlingueur tout en expliquant sa culture, sa maîtrise de la parole, son raffinement, de même que sa force et son habileté manuelle. Ce mélange harmonieux de qualités masculines et féminines fait de lui un être exceptionnel et suffit à nous faire comprendre l'attrait qu'il exerce aussi bien sur les femmes que sur les hommes. Pour ce qui est de ses ancêtres, les deux seules indications qu'il donne à ce sujet nous permettent tout au plus de soupçonner qu'il est du même sang que Didace et qu'ils descendent l'un et l'autre des deux premiers frères Beauchemin apparus un jour au Chenal du Moine : le « Grand » est resté, le « Petit » a poursuivi sa route ; Didace et le Survenant leur sont restés fidèles, chacun à sa manière. Ces bribes de renseignements que l'on glane au fil de la lecture ont pour effet d'« incarner » ce personnage énigmatique qu'est le Survenant : ce dieu est un homme, et il en a les lacunes et les faiblesses, sans lesquelles nulle sympathie n'est possible.

Germaine Guèvremont avait primitivement confié au curé Lebrun la tâche de révéler l'identité de son héros, grâce à une coupure de journal. L'article en question a connu deux versions successives[1]. La première s'inspire manifestement de la vie de Bill Nyson, beau-frère de la romancière ; on y apprend que le véritable nom du Survenant est Malcolm Petit Delignières, qu'il a disparu « après un léger différend avec sa femme » et qu'il souffre apparemment d'amnésie. La seconde version, beaucoup plus détaillée et passablement « mélo », atténue la ressemblance avec Bill Nyson et fait de Malcolm Petit de Lignères (on notera la mise en valeur de la particule nobiliaire) le fruit d'un croisement entre la noblesse canadienne-française et la bourgeoisie d'affaires d'origine écossaise, ce qui n'est pas sans rappeler la situation des *Anciens Canadiens* de Philippe Aubert de Gaspé, seigneur de Saint-Jean-Port-Joli, lequel avait lui-même épousé Susanne Allison, fille d'un capitaine né en Écosse.

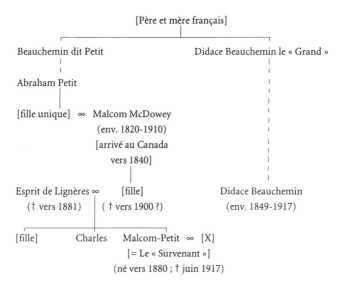

Orphelin d'assez bonne heure, le jeune Malcolm fut élevé par son grand-père Malcolm McDowey, riche industriel, propriétaire « d'immenses concessions forestières et [de] scieries ». Après de brillantes études de droit à l'Université McGill, Malcolm-Petit épousa une jeune fille de Québec et « se lança dans le journalisme politique ». Il disparut peu après, il y a huit ans de cela. Et voilà qu'on le recherche aujourd'hui que son grand-père vient de mourir, à près de 90 ans, faisant de lui l'héritier de son immense fortune.

Cette révélation, le père Didace la trouve tellement invraisemblable qu'il ne peut y accorder aucun crédit. Son Survenant à lui ne peut être que « le garçon de quelque gros habitant » et non pas un riche bourgeois au nom à particule qui sonne comme un « sobriquet » ! Et comme le curé Lebrun insiste, Didace l'interrompt, concluant laconiquement : « Perdez pas votre temps. Tout ce que j'avais à savoir de lui, j'le sais déjà. » La critique a pareillement déploré dès la parution du roman que fût ainsi levé l'anonymat du Survenant. Sensible sans doute à ce reproche légitime, Germaine Guèvremont profita de la traduction anglaise de son œuvre, parue en 1950, pour supprimer toute allusion au passé de son héros dans le chapitre final. En revanche, elle ne semble pas avoir pu se résoudre à en faire autant pour le texte original, aucune des rééditions du *Survenant* parues de son vivant ne comportant de modification au chapitre XIX. Elle s'y résigna toutefois quelques mois avant sa mort en supprimant, dans l'exemplaire corrigé de sa main et remis à Fides en avril 1968, le texte de l'article de journal résumé plus haut. Le Survenant retrouvait enfin le mystère qui seul pouvait lui permettre d'accéder au rang de mythe.

b) Didace

Il est peu de grandes figures paternelles dans la littérature québécoise. Avec l'assurance, la force, l'autorité et la relative complexité qui le caractérisent, Didace Beauchemin peut prétendre au double titre de père et de chef de famille. Fier de ses ancêtres, il est attaché aux valeurs du passé et aux traditions, ainsi, bien entendu, qu'à la terre dont il a hérité et qu'il lui faut transmettre à son fils. Cinq générations se sont succédé sur cette terre du Chenal du Moine. Didace et sa femme Mathilde s'y sont eux-mêmes échinés, mais les sacrifices qu'ils ont consentis pour élever leur famille et « conserver [le bien] dans l'honneur pour tous ceux qui [allaient suivre] » (chap. II, p. 29) n'ont pas été vains. Aujourd'hui, sur cette terre nourricière, à laquelle Didace a ajouté une « pièce de sarrasin » vers la baie de Lavallière, s'élèvent une maison trapue et solide, un fournil, deux granges neuves et des dépendances. La famille y vit dans une honnête aisance tout en jouissant, dans la paroisse, d'une réelle considération, Didace ayant en effet été « deux fois marguillier, puis conseiller ».

Mais le malheur s'est abattu sur la maison. Coup sur coup, Didace a perdu son fils cadet, Éphrem, qui « s'est noyé un midi de juillet » à l'âge de 15 ans, sa femme Mathilde et sa vieille mère, « l'aïeule ». Veuf depuis une dizaine de mois, le père Beauchemin, qui a déjà franchi le cap de la soixantaine, a pris clairement conscience de l'inaptitude de son fils unique Amable à lui succéder. Depuis que sa mère n'est plus là pour lui servir de « rempart », il apparaît dans toute sa dérisoire indolence aux yeux sans indulgence de Didace. Faible et de caractère amorphe, Amable est incapable du moindre effort soutenu ; de ce fait, il ne saurait être un « vrai cultivateur ». De plus, la femme qu'il a épousée, Alphonsine Ladouceur, est une orpheline rêveuse et craintive, aussi chétive que son mari et toujours sans enfant après trois ans de mariage. La succession est donc bloquée, et c'est là le drame de Didace, en même temps que l'enjeu du roman.

Jusqu'à la mort de Mathilde, Didace avait vécu dans une sorte de quiétude, intimement convaincu qu'il était de la pérennité de toutes choses :

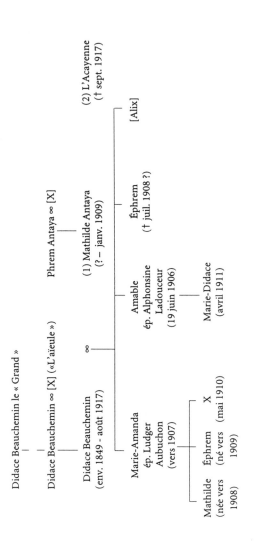

Didace Beauchemin le « Grand »

Didace Beauchemin ∞ [X] («L'aïeule »)

Phrem Antaya ∞ [X]

Didace Beauchemin
(env. 1849 - août 1917) ∞

(1) Mathilde Antaya
(? – janv. 1909)

(2) L'Acayenne
(† sept. 1917)

Marie-Amanda
ép. Ludger
Aubuchon
(vers 1907)

Amable
ép. Alphonsine
Ladouceur
(19 juin 1906)

Éphrem
(† juil. 1908 ?)

[Alix]

Mathilde   Éphrem   X
(née vers   (né vers   (mai 1910)
1908)   1909)

Marie-Didace
(avril 1911)

〜 Quand il avait pris possession de la terre ancestrale, puis à la naissance de son fils, un sentiment de durée, de plénitude, l'avait pénétré jusque dans sa substance même [...]. Il ne doutait pas alors que le printemps ne ranime l'eau des rivières, que l'été ne mûrisse, par grappes blondes, les avoines, avec tous les fruits de la terre. Il savait que le départ des oiseaux sauvages est nécessaire, à l'automne, et qu'il engendre la fidélité du retour, au printemps. Il savait aussi que la neige tombe à son heure, et pas avant ; et que rien ne sert, devant les desseins de l'Éternel, de vouloir tout juger à la petite mesure de l'homme (chap. VIII, p. 80-81). 〜

Mais Didace sait désormais que beaucoup de choses qu'il avait crues immuables sont en réalité éphémères, et il ne peut plus se reposer « comme autrefois sur la certitude des saisons » : la famille s'est rétrécie et la terre ancestrale risque d'aller à l'abandon. Le temps des dieux, cyclique et éternel, a cédé la place au temps des hommes, borné par la mort.

S'il n'était que paysan, Didace Beauchemin sombrerait sans doute dans la mélancolie en découvrant cette cruelle et dure réalité. Le décès de Mathilde l'a d'ailleurs mené au seuil de la dépression, au point qu'il a pris en horreur la maison désormais sans vertu et sans vie. Mais le père Beauchemin est aussi — et peut-être avant tout — un chasseur, avec ce que cela suppose d'agressivité, d'énergie et d'adresse. D'instinct, il est en harmonie avec les nomades, dont il partage, comme par atavisme, le goût pour la fête, l'alcool et les femmes. Ainsi cohabitent en Didace deux tendances contradictoires, mais, bien loin de le paralyser, elles concourent à faire de lui un personnage à la fois complexe et attachant, bien différent de la figure traditionnelle de l'habitant stéréotypé et monolithique. Comme chef de famille, conscient de ses responsabilités, il affiche un visage austère, manifestant par là l'autorité dont il se sent investi. Mais une fois sorti de son rôle de paysan, il se transforme en braconnier, toujours prêt à enfreindre la loi pour satisfaire sa passion. Il retrouve alors la bonhomie et la mâle vigueur qui le caractérisent si bien : « franc de bras comme de cœur, grand chasseur, gros mangeur, aussi bon à la bataille qu'à la tâche, parfois sans un sou vaillant en poche, mais avec de la fierté à en recéder à toute une paroisse » (chap. II, p. 29). Ces qualités, Amable en est totalement dépourvu, mais elles décrivent parfaitement le Survenant, ainsi que le reconnaît Didace au premier regard.

L'irruption de cet étranger équivaut à une bouffée d'air frais dans l'univers étriqué du Chenal du Moine, et de la famille Beauchemin en particulier. Faute d'un successeur digne de ce nom, la situation y était désespérée. On comprend facilement, dans ces circonstances, que l'arrivée du Survenant apparaisse comme providentielle. Aux yeux de Didace, Venant est le messie qui sauvera la famille de la déchéance ; le vieil homme n'épargnera aucun effort pour se l'attacher et pour l'amener à se substituer à son fils indigne. Entre eux, l'accord est immédiat et la sympathie réciproque, instantanée. Au premier travail en commun, que décrit le narrateur au chapitre III, l'harmonie se révèle parfaite : « Angélina ne vit plus dans le vent que deux hommes soumis à un même rythme, bercés par un ample balancement. » Au contact de cet étranger plein de vie, Didace retrouve une nouvelle jeunesse et, sa réputation dût-elle en souffrir, il ne résiste pas à la tentation de l'accompagner à Sorel, où tous deux, en toute complicité, s'offrent du bon temps.

Subjugué par le Survenant, en qui il reconnaît à la fois un double plus jeune et un « fils », Didace semble prêt à tout pour le fixer au Chenal du Moine, allant même jusqu'à risquer de lui avancer de l'argent pour lui permettre de faire à Montréal un bref séjour afin de satisfaire sa fringale de voyage. Mais au lieu de se rendre dans la métropole pour y acheter des outils, comme il l'avait laissé entendre, c'est à Sorel que le Survenant passe huit jours à boire et à s'amuser. Tel un père indulgent, Didace lui pardonne cette incartade, au grand dépit d'Amable, qui espérait que les yeux de son père allaient enfin se dessiller et qu'il chasserait l'intrus.

Tous les efforts du père Didace seront cependant vains : fidèle à son destin, le Survenant quittera le Chenal du Moine. La douleur muette que le vieillard en éprouve s'apparente au deuil d'un père à la mort de son fils, avec ce que cela peut avoir de déchirant et de pathétique. Il avait espéré que le Survenant lui succéderait, mais ce n'était qu'un rêve. Alors, comme par fidélité au Grand-dieu-des-routes, il adopte la solution que ce dernier lui avait un jour suggérée : il épouse l'Acayenne, comblant ainsi le vide que Mathilde avait laissé en mourant. Mais cette seconde solution est tout aussi illusoire que la première, ainsi que le révèle *Marie-Didace*.

c) Angélina

Comme le Grand-dieu-des-routes, Angélina apparaît pour la première fois dans *le Survenant*, contrairement à la plupart des autres personnages de Germaine Guèvremont, que l'on rencontre déjà épisodiquement dans *En pleine terre*. Le roman avait besoin d'une histoire d'amour pour trouver sa cohérence : le destin dramatique de ce couple à jamais uni dans les mémoires allait la lui fournir.

Les premiers chapitres du *Survenant* nous présentent par touches successives la fille du voisin des Beauchemin, David Desmarais. Orpheline de mère depuis une quinzaine d'années, Angélina Desmarais est une célibataire de trente ans, peu belle, et boiteuse de surcroît. Au moral, elle est travailleuse, talentueuse et par-dessus tout économe, jusqu'à passer pour avare. Indifférente aux garçons qui, attirés par sa relative aisance, voudraient bien lui faire la cour, Angélina mène une existence terne et étriquée. L'éducation rigoureuse qu'elle a reçue l'a rendue austère au point qu'elle a longtemps rêvé de se faire religieuse. Aussi s'interdit-elle à peu près tout autre plaisir que la lecture, et encore ne s'y adonne-t-elle que le dimanche, jour du Seigneur, lisant alternativement dans les deux seuls livres qu'elle possède : « son missel et un prix de classe : *Geneviève de Brabant* », célèbre légende médiévale d'une jeune femme injustement accusée d'adultère par Golo, intendant de son mari Siegfried, et condamnée à mort. Sauvée par ses serviteurs, qui l'abandonnent dans les bois avec son fils Dolor, elle finit par prouver son innocence et rentrer en grâce, mais elle meurt peu après avoir recouvré l'amour de son mari. Si Angélina ne se lasse pas de relire cette histoire, c'est qu'elle se reconnaît plus ou moins consciemment dans la tragique aventure de la « modeste Geneviève », qui préfigure son propre destin de solitude et d'amertume. Toute chrétienne qu'elle est, Angélina sent bien que le sort lui est contraire. La légère claudication dont elle souffre reflète ce qu'il y a en elle d'inachevé et de déséquilibré ; elle est de surcroît affligée d'une chevelure noire comme une corneille, symbole de ténèbres, d'angoisse et de mort, le noir figurant en effet le désir frustré et la vie niée.

En ce sens, Angélina Desmarais n'est pas sans rappeler Eugénie Grandet, que Germaine Guèvremont paraît avoir utilisée comme modèle pour construire son personnage de vieille fille triste et esseulée, dont la personnalité ne se dégage qu'au contact de l'amour, source de régénération.

L'arrivée du Survenant révélera en effet le caractère d'Angélina et lui insufflera vie et énergie. Le trouble qu'elle éprouve au moment où pour la première fois elle se trouve en présence de l'étranger, au chapitre III, s'apparente au coup de foudre. Elle ne peut détacher son regard de cet homme dont la beauté, la sensualité et la clarté du rire font « lever en elle toute une volée d'émoi ». Éblouie par la perfection physique de l'étranger et par la force vitale qui émane de lui, Angélina essaie d'abord de résister à cet attrait, mais finit par accepter son inclination. L'amour sommeillait en elle : il aura suffi qu'apparaisse le Survenant pour que s'éveille la passion exclusive qui désormais la dominera ; ainsi le soleil (la couleur du Survenant, rappelons-le, est le rouge, symbole du feu et du sang) fertilise la terre (le noir étant la couleur de la terre et de la nuit) et y fait lever la vie. Comme pour Eugénie Grandet, l'amour est pour Angélina d'abord un acte de générosité : l'avare est dorénavant prête à tout donner à l'homme qu'elle aime. Transfigurée, elle ne supporte plus l'immobilité méditative et le silence dans lesquels elle s'était jusque-là complu ; tous les prétextes lui sont bons pour laisser son vieux père seul à la maison et aller passer la soirée chez les Beauchemin afin de jouir de la présence du Survenant.

Peu à peu, ce dernier prend conscience de l'amour que lui voue Angélina, au point qu'il finit par se faire son champion et son protecteur contre les médisants de la trempe d'Odilon Provençal, jaloux de l'intérêt passionné que la jeune femme porte à celui qu'il considère comme son rival. Désormais, précise Germaine Guèvremont, le Survenant passa pour le « cavalier » (chap. XI, p. 117) d'Angélina. Mais quand cette dernière, se croyant désormais des droits sur lui, s'enhardit jusqu'à lui reprocher de porter toujours les mêmes vêtements, la semaine comme le dimanche, elle crée entre eux, sans s'en rendre compte, un fossé qui ne cessera de s'élargir. L'étranger est en effet incapable de supporter la moindre entrave à sa liberté. Angélina en prendra douloureusement conscience en ce triste Samedi saint où elle attendra en vain le Survenant à qui elle avait donné rendez-vous à « L'Ami du Navigateur » ; mais une simple bonbonnière « à moitié déficelée » (chap. XIII, p. 148) suffira, le lendemain, dimanche de Pâques, à effacer l'humiliation dont l'amoureuse aura été victime. La leçon aura porté : plus jamais Angélina ne fera allusion aux vêtements du Survenant ou à son goût immodéré pour l'alcool.

Au fil des mois, Angélina a appris à aimer sans rien exiger en retour. Tous les moyens pour tenter de fixer le Survenant au Chenal du Moine ayant échoué, elle se résout finalement à l'inéluctable en lui rendant sa liberté, comme on délivre un « oiseau captif » (chap. XVII, p. 206) : amour et liberté sont incompatibles. Alors, après avoir fait le tour de la paroisse, en traînant misérablement sa jambe boiteuse, afin de rembourser les dettes du Grand-dieu-des-routes et faire taire les rumeurs cancanières, Angélina s'enferme chez elle. Privée du seul homme qui lui aurait permis de s'épanouir et de connaître le bonheur, elle enfouit son amour au plus profond de son cœur et reprend sa vie de recluse. *Marie-Didace* nous montrera toutefois que le Survenant n'aura pas été qu'une parenthèse dans la vie monotone de cette femme émouvante : l'amour l'a ouverte aux autres et rendue capable de bonté et de générosité.

*

* *

Outre le Survenant, Didace et Angélina, qui sont les personnages principaux du roman, il convient de faire une place à Alphonsine, à son mari Amable et à l'Acayenne, qui jouent un rôle de second plan.

d) *Phonsine*

Née à La Pinière (Saint-Joseph-de-Sorel) d'un père alcoolique et orpheline de mère dès l'âge de six ans, Alphonsine Ladouceur passa son enfance à l'orphelinat, sous la férule des sœurs de la Charité (*Marie-Didace,* I chap. II, p. 29-30). D'un naturel timide et hypersensible, elle y vécut dans l'humiliation, qui est la rançon de la pauvreté, tout en rêvant d'une vie bourgeoise, faite de confort, d'agrément et de raffinement. Incapable d'ajuster son idéal à la dure réalité qui est la sienne, Alphonsine ne peut que s'épuiser en vaines aspirations. Faible, craintive et complexée, elle ne parvient pas à se débarrasser du profond sentiment de rejet et d'insécurité qui la hante depuis l'enfance et qui l'empêche d'accéder à la maturité ; c'est ainsi qu'elle apparaît dès le chapitre II du *Survenant,* sous le regard sévère de son beau-père :

« Frêle, les épaules et les hanches étroites, avec ses cheveux tressés en deux nattes sur le dos et ainsi abandonnée à elle-même, elle avait l'air d'une petite fille en pénitence. »

En épousant Amable, fils unique de Didace Beauchemin, Alphonsine Ladouceur avait cru trouver la dignité et la tranquillité qui lui avaient jusque-là cruellement fait défaut. La mort de sa belle-mère lui avait aussi permis d'espérer lui succéder dans le rôle de « reine et maîtresse dans la maison » (*Marie-Didace*, II chap. II, p. 177). Mais, contrairement à Mathilde, modèle de l'épouse et de la mère, Phonsine n'a pas le « don » : sous sa gouverne, la demeure des Beauchemin perd sa « vertu chaleureuse » (*le Survenant*, chap. II, p. 28). Tout s'affaise dans la maison, que la vie semble avoir quittée et que fuit le père Didace. Entre sa belle-fille et lui, le fossé s'est élargi, faisant naître incompréhension et rancœur. Le désappointement de Didace est d'autant plus grand qu'après trois ans de mariage la jeune femme n'a toujours pas d'enfant, ce qui compromet la succession.

Privée d'affection et d'amour, déçue dans sa chair et dans son cœur, Alphonsine est une femme inassouvie, piégée par le mariage. Son statut d'épouse lui interdit en effet, comme un tabou, de s'abandonner au sentiment qu'elle éprouve spontanément en présence du Survenant. Car bien qu'elle ne veuille pas se l'avouer, elle est aussi remuée que sa voisine Angélina par le Grand-dieu-des-routes. Le mépris et le dédain qu'elle affecte à l'endroit de l'étranger paraissent bien n'être que de pure convention. Alphonsine se croit en effet obligée de calquer son attitude sur celle de son mari, afin de donner le change, et c'est sans doute pourquoi elle cherche à discréditer le Survenant en répétant, devant Angélina, ce que lui a révélé Amable : c'est un homme qui boit ! Mais sans se l'avouer, Alphonsine est amoureuse du Survenant. Par sa virilité, sa culture, sa prévenance et sa joie de vivre, il représente l'homme idéal, l'antithèse d'Amable. Si elle se montre ronchonneuse et perpétuellement de mauvaise humeur, c'est pour mieux cacher ses véritables sentiments. C'est ainsi, par exemple, que, feignant l'indifférence, elle prête une oreille attentive aux suggestions culinaires du Grand-dieu-des-routes : « À l'heure du souper, le Survenant, sans même lever la vue, vit Alphonsine ajouter à la dérobée deux ou trois œufs à la pâte à crêpe afin de la rendre plus légère » (chap. IV, p. 48). De même, l'indignation qu'elle éprouve à le voir un jour rentrer ivre, les bottes pleines de boue sur son plancher fraîchement lavé, cède bientôt la place à la pitié, puis à une affectueuse sollicitude (chap. XII, p. 127). Rien n'exprime mieux l'ambivalence de ses rapports avec l'étranger que la discrétion dont elle fait preuve à ce sujet en présence d'Amable (chap. XIII, p. 135), comme si elle craignait que ce dernier ne perce son secret. Il lui faudra attendre le départ du Grand-dieu-des-routes pour oser enfin laisser parler son cœur devant son mari et sa belle-sœur Marie-Amanda : « Le Survenant, lui, avait le tour et il possédait le don ! » (chap. XVII, p. 210).

Habituée depuis toujours à refouler ses sentiments, Alphonsine est rongée par la peur de se retrouver dans le chemin, en proie à la solitude et à l'indigence. Cette obsession, liée à son statut d'orpheline abandonnée, renaît le jour où le Survenant lui révèle, dans son ivresse, que le père Didace est amoureux de l'Acayenne. Dès lors, Alphonsine se met à craindre pour sa place. Chassée par l'intruse, elle se voit déjà « hâve et en guenilles mendier son pain de maison en maison sur quelque route inconnue » (chap. XII, p. 131). L'angoisse qui l'étreint alors confine à la paranoïa et annonce la folie qui s'empare d'elle à la fin de *Marie-Didace* et dont nous avons ici la première manifestation.

Alphonsine est un personnage tragique à qui le droit au bonheur paraît avoir été refusé dès le berceau. Rien, à cet égard, ne la caractérise mieux que son attachement fanatique à sa délicate tasse de porcelaine, symbole fragile et dérisoire de ses « désirs les plus inavoués » en même temps que « signe de sa place en la maison » des Beauchemin.

e) *Amable*

Fils pâlot de Didace Beauchemin et mari tout aussi pâlot d'Alphonsine, Amable n'est pour ainsi dire que le faire-valoir du Survenant. Rien, dans *En pleine terre*, ne laisse entendre qu'il est « un peu voûté », « maladif et sans endurance à l'ouvrage », ainsi qu'on nous le montre au chapitre II du *Survenant*. Ce caractère chétif lui est attribué ici pour les besoins de la cause : il accentue le contraste avec le Grand-dieu-des-routes et justifie l'admiration que le père Didace voue à cet étranger, substitut du décevant Amable.

Tant que vécurent son frère Éphrem et sa mère Mathilde, Amable avait pu réussir à faire oublier sa mollesse et son manque de vaillance. Désormais seul face à son père, il apparaît dans toute son insignifiance, indigne de la place qu'il occupe dans la fière lignée des Beauchemin. Le Survenant arrive donc à point nommé pour résoudre le problème que pose la succession de Didace. Ce dernier, qui n'arrive pas à accorder son rythme avec celui de son fils, se sent immédiatement en harmonie avec l'étranger. La complicité qui ne tarde pas à naître entre eux suscite, comme cela est naturel, l'aigreur et le dépit d'Amable. Foncièrement mesquin et lâche, voilà que la jalousie le rend méchant et hargneux. Sa mauvaise humeur, il l'exerce contre tout le monde, mais d'abord et avant tout contre son rival, le Survenant. Aveuglé par la haine qu'il éprouve à l'égard de celui qui l'a évincé, Amable est incapable de lui reconnaître la moindre qualité. Insensible à son charme et à ses talents, il ne perçoit que ses défauts. Toujours prêt à dénigrer le Survenant, il est le premier à le soupçonner de boire et à en faire part à sa femme afin de le déprécier à ses yeux. Dans le contexte de la lutte que les croisés de la tempérance menaient vers 1910 contre ce fléau social qu'était l'alcool, cette accusation équivaut à une condamnation : boire est alors plus qu'un défaut, c'est une tare ! Alphonsine en est consciente, certes, mais comme Angélina, à qui elle se hâte de révéler ce secret, elle se contente de le déplorer tout en continuant d'être séduite par la personnalité du Grand-dieu-des-routes.

Et quand le Survenant aura, quelques mois plus tard, dépensé l'argent du père Didace à boire et à faire la fête à Sorel pendant huit jours, Amable croira enfin triompher : son père, déçu par l'étranger, ne pourra que le mettre à la porte ! Mais, à son grand étonnement, Didace passe l'éponge.

Jusqu'au bout, Amable souffre de la présence de l'étranger, dont il est la parfaite antithèse : autant l'un est attentionné et talentueux, autant l'autre est égoïste et maladroit. Une seule occasion se présente où Amable paraît se réjouir de ce qu'aux yeux de tous, le Grand-dieu-des-routes passe pour faire partie de la famille des Beauchemin, et c'est au moment de sa victoire contre le « champion de la France » au cirque de Sorel (chap. XV, p. 180) ; alors l'honneur rejaillit sur lui. Mais chaque fois que le Survenant se montre prévenant avec Alphonsine ou qu'il est de connivence avec le père Didace, Amable en éprouve dépit et amertume. Aussi se réjouit-il sans vergogne de son départ, qui constitue pour lui une véritable libération. L'étranger menaçait en effet d'usurper son double titre de fils et de mari ; on comprend mieux ainsi pourquoi il déteste tellement celui en qui il ne voit qu'un rival. Le Survenant n'est cependant pas sitôt parti qu'une autre « ennemie » occupe la place, l'Acayenne, à qui Amable et Alphonsine vouent tout de suite une haine mortelle. Le conflit, latent, entre le fils et le père éclate alors. Il entraînera le départ et la mort tragique d'Amable.

f) L'Acayenne

Blanche Varieur de son vrai nom, « l'Acayenne » est ainsi nommée en raison de ses origines acadiennes. Née au bord du fleuve, elle a épousé un pêcheur, emporté par un raz de marée, « une nuit qu'il s'était endormi sur la corvette » (*Marie-Didace*, I chap. IX, p. 91). Veuve, elle a travaillé comme « cuisinière à bord d'une barge » (*le Survenant*, chap. XIX, p. 216) avant de se retirer à Sorel où elle « tient maison », au grand scandale des bien-pensants. Elle n'entre véritablement dans l'univers du Chenal du Moine qu'au début de *Marie-Didace*, succédant au Survenant, qu'elle se trouve ainsi à remplacer au sein de la famille Beauchemin.

Épanouie, gourmande et surtout peu bavarde, contrairement aux autres femmes de la paroisse, elle s'abandonne au bonheur d'exister. Avenante, « travaillante », chaleureuse et bien en chair, elle ne peut que séduire un homme de la trempe de Didace. Le Survenant l'a bien compris, lui qui s'est donné le plaisir de les présenter l'un à l'autre lors d'une de ses célèbres virées à Sorel en compagnie du père Beauchemin.

À défaut d'héritier, Didace décide donc, après le départ du Survenant, d'épouser l'Acayenne, afin d'« élever encore une couple de garçons, s'il y a moyen », ainsi qu'il le déclare à son curé, à la fin du premier roman. L'illusion sera de courte durée. Elle a beau « frise[r] la quarantaine tout juste », elle ne donnera pas à Didace l'héritier tant espéré. Par ailleurs, sa fidélité au souvenir de son Varieur, l'antipathie que Phonsine et Amable éprouvent pour elle et la naissance imminente de Marie-Didace achèvent de la discréditer aux yeux de Didace. Elle ne l'a épousé que pour le confort qu'il lui apportait !

Avec l'instinct infaillible de l'enfance, Marie-Didace s'attache cependant à sa grand-mère, infiniment plus aimante et maternelle que la pauvre Phonsine. Dépouillée de tout, menacée dans son être même, cette dernière ne cesse de s'enfoncer dans la folie qui la guette. À cause de l'Acayenne, Amable a quitté le Chenal du Moine et est mort dans un accident au port de Montréal. Et voilà qu'elle lui vole maintenant l'affection de son enfant ! Quand Didace meurt à son tour, quelques années plus tard, l'inquiétude de Phonsine est à son comble. Elle est désormais à la merci de cette femme diabolique qu'est l'Acayenne, laquelle ne songe, croit-elle, qu'à s'emparer de la terre des Beauchemin. Marie-Amanda a beau la raisonner, Phonsine n'en démord pas : elle sera chassée par sa belle-mère et condamnée à la misère. La mort subite de l'Acayenne vient dénouer cette situation. Mais il est trop tard. Se sentant coupable du départ d'Amable et de la crise cardiaque qui a terrassé l'Acayenne, Phonsine sombre dans la démence.

g) Autres personnages

Parmi les personnages secondaires, se détache Pierre-Côme Provençal. Maire de la paroisse et garde-chasse, il incarne la tradition et l'autorité. Aussi se demande-t-on régulièrement, au Chenal du Moine : « Quoi c'est que Pierre-Côme Provençal va penser ? » (*le Survenant*, chap. X, p. 113). Sans en faire une caricature, Germaine Guèvremont l'a chargé de quelques traits plaisants : il est bouffi d'orgueil et gros, d'où son surnom de Gros-Gras. Camarade d'enfance du père Didace, ils passent leur temps à se quereller pour des histoires de braconnage afin de mieux se raccommoder. L'arrivée du Survenant au Chenal du Moine menace la stabilité de cet univers clos qu'est la paroisse. On comprend donc que, conformément à son rôle de gardien des valeurs ancestrales, Pierre-Côme se montre aussi hostile qu'Amable à cet étranger, d'autant plus que ce dernier jouit d'un extraordinaire pouvoir de séduction auquel le propre fils cadet du maire, Joinville, n'est pas insensible.

Le personnage de Marie-Amanda, fille idéale de Didace Beauchemin et épouse parfaite de Ludger Aubuchon, aurait pu souffrir de son manque d'épaisseur et de la complaisance dont témoigne le narrateur à son égard, mais Germaine Guèvremont a pris soin, par quelques touches discrètes, de mettre sa sensibilité en valeur. Aux yeux de tous, Marie-Amanda représente le modèle accompli de l'épouse et de la mère paysanne. Comme sa mère Mathilde, c'est une femme forte, courageuse et dévouée sur qui l'on peut toujours compter en cas de détresse ou de malheur. Par sa seule présence, elle calme et apaise, et là où elle se trouve règnent chaleur et sécurité.

Odilon Provençal, fils aîné de Pierre-Côme, en a la suffisance et la fatuité. Sans doute joli garçon, il a aussi la réputation d'être fort, ce qui fait de lui le « coq du village ». Son père aimerait bien le voir épouser Angélina et entrer ainsi en possession de la terre des Desmarais, mais la vieille fille n'a que faire de ce prétendant. Le Survenant, plus beau et plus fort que lui, se présente comme un adversaire à abattre, d'autant plus que lui, tout débraillé qu'il est, et sans le sou, obtient l'amour d'Angélina comme par enchantement. Le conflit qui naît de cette rivalité trouve son dénouement dans la bataille qu'ils livrent à la fin de la soirée chez les Salvail (chap. X, p. 112-115). La victoire du Survenant sonne le glas d'Odilon, qui disparaît du roman pour ne reparaître que dans la seconde partie de *Marie-Didace*, marié à la plus jolie fille de la paroisse, Bernadette Salvail, et père d'un petit garçon déjà imbu de lui-même.

D'autres personnages apparaissent épisodiquement dans le roman. Outre le jeune Joinville Provençal et la belle Bernadette Salvail, auxquels il a déjà été fait allusion et qui sont tous les deux fascinés par le Survenant, signalons Beau-Blanc, l'homme « engagé » des Beauchemin, fouineur et bavard ; Rose-de-Lima Bibeau, la maîtresse d'école, « d'une laideur de pichou » (*le Survenant*, chap. V, p. 52) ; la grande Laure Provençal, épouse du maire, à la « voix de crécelle » (*ibid.*, chap. X, p. 113) ; madame Salvail et son mari Jacob, modestes et plus effacés que les Provençal ; l'abbé Lebrun, enfin, curé de la paroisse depuis une trentaine d'années et qui connaît chacune de ses ouailles, dont il est le guide et le confident, comme le veut la tradition.

Les quatre demoiselles Provençal, Catherine, Lisabel, Marie et Geneviève, les deux autres fils du maire, Augustin et Vincent, David Desmarais, père d'Angélina, ainsi que le marchand général de Sainte-Anne forment l'arrière-plan, avec la foule anonyme des habitants du Chenal du Moine, de l'île du Moine, de « Maska », de Sainte-Anne et de Sorel.

Dans ce cadre rural, il convient finalement de faire une place au chien des Beauchemin, au nom tout simple mais original de « Z'Yeux-ronds ». Avant d'aboutir au Chenal du Moine quelques années auparavant, il avait mené une vie errante et il continue de porter les « marques d'un bon chien batailleur » (*ibid.*, chap. IV, p. 47). Dans l'esprit obtus d'Amable, qui n'aime pas cet animal venu de nulle part, la comparaison naît tout naturellement entre Z'Yeux-ronds et le Survenant : « ils font la belle paire », conclut-il méchamment en voyant le chien aux trousses de l'étranger.

Note

1. Voir mon édition critique du *Survenant*, Appendice II, p. 301-305.

~

CHAPITRE 9

L'ART
DE GERMAINE GUÈVREMONT

« Les petites joies d'un grand métier »

Autodidacte, Germaine Guèvremont, qui est venue tard au roman, écrit d'instinct, « à l'oreille », comme elle le confia un jour à Alfred DesRochers[1]. Influencée aussi bien par Balzac, Maupassant, Gorki, Ladislas Reymont ou Colette que par les romanciers américains comme Hemingway et Marjorie Rawlings, elle oscille, au plan narratif, entre l'intrusion d'auteur et le procédé behavioriste, à la fois tentée par le style *matter of fact* américain et fascinée par ses propres personnages au point de coller à leur conscience :

~ Jusqu'ici je crois que j'ai pris trop de place, confessait-elle à Alfred DesRochers en mai 1944. Pour m'expliquer je pense que le romancier doit agir comme le photographe : prendre toute la place d'abord, mais quand le moment vient de « tirer le portrait », s'ôter « de sur l'image ». Une chose que j'apprécie de vous, c'est de m'avoir laissée découvrir mes fautes toute seule [...]. À partir de maintenant, l'histoire mène, j'oublie que j'écris une histoire. Plus je vais, plus je comprends la technique de Marjorie Rawlings. Je dis technique et non art, parce que je comprends que l'art n'est pas seulement un don, il est aussi un long travail de patience[2].
~

Si l'on tente de reconstituer l'« art poétique » de Germaine Guèvremont à partir des rares indices qu'elle a laissés, aussi bien dans les entrevues qu'elle a généreusement accordées que dans sa correspondance³, on n'aboutit qu'à une série d'annotations disparates, fruits de tendances contradictoires. Le seul exposé à peu près systématique qu'elle ait jamais fait sur sa conception du roman et dont le texte nous ait été conservé date de l'automne 1945. Il s'intitule « Les petites joies d'un grand métier ». C'est le texte dactylographié d'une conférence qu'elle prononça à la bibliothèque municipale de Montréal, quelques mois après la parution du *Survenant*⁴.

Après avoir évoqué l'attrait que la lecture exerçait sur l'esprit des jeunes filles romanesques au temps de sa jeunesse, Germaine Guèvremont rappelle les grandes étapes de sa propre vocation de conteuse, puis de romancière. Elle précise ensuite sa propre « vision » du roman en 1945 :

> ∿ [...] Louis Hémon et Claude-Henri Grignon avaient écrit le roman du colon, Léo-Paul Desrosiers, le roman de la traite, Ringuet, le roman des déracinés, il restait encore celui de la vieille paroisse canadienne. De plus en plus se dessinait dans mon esprit la vieille paroisse que je n'avais fait qu'esquisser dans *En pleine terre*, la vieille paroisse soreloise avec la poésie des anciennes maisons immuables, son beau terrain planche tel qu'en rêvait la mère Chapdelaine, cette plaine où l'œil voit tant qu'il veut voir, comme disait Didace Beauchemin. [...] Et ses habitants têtus qui ont gardé les noms désuets et le parler savoureux apportés des vieux pays. [...]

> Quand, au Chenal du Moine, l'on se demande : Quoi c'est que Pierre-Côme Provençal va penser ? ce n'est pas simplement une rengaine, ou un effet de l'art. Pierre-Côme Provençal symbolise la stabilité. Les hommes passeront, mais

la vieille paroisse demeure. C'est avec de vieilles paroisses que l'on garde un pays.

Mais qu'adviendrait-il si un élément étranger, humain, et d'autant plus dangereux qu'il aurait autant de qualités que de défauts, soulevait dans la vieille paroisse la poussière d'un mauvais modernisme ? C'est alors que le Survenant, cheveux au vent, avec son grand rire, s'avança sur la route, tandis que dans le lointain tintait la Pèlerine, la cloche de Sainte-Anne de Sorel. J'avais un sujet de roman... et l'état de grâce du romancier. ⌒

L'inspiration, ou « état de grâce », ne mène cependant nulle part si elle ne s'appuie sur une technique, elle-même fruit d'un apprentissage et d'une discipline de tous les instants :

⌒ Y a-t-il une technique du roman ? Certes, oui, mais je crois que chacun doit la découvrir par soi-même. [...]

L'une des principales qualités d'un livre étant l'originalité, le romancier doit être suffisamment possédé de son sujet pour permettre à son livre de vivre de sa propre vie, sans avoir à lui insuffler celle des autres. Mieux vaut offrir le peu que l'on possède, mais de l'authentique, que de s'efforcer d'être le sous-produit d'un autre.

Racine a donné la grande règle du jeu : plaire et émouvoir. Elle prévaut encore après trois siècles. Les Américains, qui poussent la technique du roman à un degré unique, y ont ajouté la formule lapidaire... et américaine : « *Don't tell it ! Show it !* » Ne dites pas qu'un homme est fâché, montrez-le rouge de colère. Voilà toute la différence entre la narration et la création, entre le jour et la nuit. ⌒

La discipline que doit s'imposer le romancier ne doit toutefois pas brimer son inspiration ; il importe donc à chacun de trouver le fragile point d'équilibre et d'harmonie entre la technique et le tempérament individuel :

⟋ Faut-il commencer à écrire un roman par le commencement ? De mon point de vue, on le commence comme on peut, par où l'on peut, cela n'a pas d'importance. Car un romancier doit être assez pénétré de l'histoire qu'il raconte pour y travailler à n'importe quelle phase. Pour ma part, croyez-le ou non, je commençai par écrire trente pages ennuyantes comme la pluie, comme celles du premier roman que j'avais lu, croyant sans doute que sans celles-là, mon livre n'aurait pas été un vrai roman. Un jour, je les abandonnai pour dresser un schéma, sans littérature, naturellement, et sans viser à l'effet. « Un soir d'automne, au Chenal du Moine, comme les Beauchemin s'apprêtaient à souper, des coups à la porte les firent redresser. C'était un étranger, jeune d'âge, paqueton au dos, qui cherchait à manger ». Sans même m'en douter je venais d'écrire le premier chapitre de mon livre, et de trouver la technique du roman [...] ⟋

Emporté par le mirage des belles phrases, il arrive que l'on cède à la tentation de faire de la littérature. Dans ce cas, il ne faut pas hésiter à sabrer :

⟋ Un romancier doit se soumettre avec assez d'humilité et de sincérité à ses personnages et les aimer suffisamment pour ne pas chercher à briller à leurs dépens [...]. ⟋

L'art repose sur l'étude, l'observation et la méditation :

⟋ Avec le calibre du romancier, l'état de grâce, un sujet, la technique, la sympathie pour ses personnages, que peut-il donc encore manquer à un auteur ? [...]. ⟋

M. Maurice Coindreau, professeur de littérature, a écrit dans « Pour la Victoire » [16 juin 1945] que le roman régionaliste était le plus difficile à écrire et que je ne devais pas me douter de tous les dangers qui m'entouraient quand je l'ai entrepris. Il a raison. Écrire un roman demande du courage, mais écrire un roman régionaliste exige de l'héroïsme, surtout en 1945, alors que plusieurs croient encore qu'un roman de la terre est synonyme d'une ennuyante [*sic*] prêche et dont le plan humain est banni à jamais. ⌒

Une fois déterminé, le sujet impose ses propres règles :

⌒ Fixer un endroit, une époque, c'est ne pouvoir s'écarter de la vérité. Il y a la flore, la faune, le vêtement, même les conditions atmosphériques à surveiller. Appeler une fleur, une fleur... un oiseau, un oiseau, serait trop facile. Cette fleur a un nom, une couleur ; cet oiseau, un ramage, un plumage. L'écrivain consciencieux ne mettra pas de roche dans un terrain alluvial où l'on ne trouverait pas un seul caillou ; ni, dans un ruisseau, des roseaux, ces « cils d'émeraude », comme les appelle le poète Stéphane Mallarmé [« Las de l'amer repos... », v. 28]. ⌒

On connaît l'exactitude toute balzacienne dont Germaine Guèvremont fait preuve dans la préparation de son œuvre. Ce souci d'objectivité s'estompe toutefois au moment de la rédaction, car la romancière entre alors « dans la peau de son personnage[5] », ce qui explique l'évidente sympathie que le narrateur du *Survenant* et de *Marie-Didace* éprouve pour ses créatures. En bref, c'est une voix neuve et fraîche que fait entendre Germaine Guèvremont, aux antipodes aussi bien du pessimisme de Ringuet que de l'idéalisme de Félix-Antoine Savard. La critique ne s'y est pas trompée, elle qui félicitait la romancière, au lendemain de la parution du *Survenant*, d'avoir si bien su échapper à tous les pièges qui guettent le roman régionaliste.

Réalisme

Dans la tradition du roman réaliste, *le Survenant* et *Marie-Didace* racontent la lente désagrégation d'une famille, les

Beauchemin, et d'une société, le Québec rural d'avant les bouleversements de la Grande Guerre. Mais loin du pessimisme d'un Maupassant, d'un Laberge ou encore d'un Ringuet, Germaine Guèvremont éprouve un sentiment de nostalgie pour le monde qu'elle décrit et qui fut celui de son enfance et de sa jeunesse. Par ailleurs, en introduisant dans la petite paroisse isolée un étranger qui exerce sa fascination aussi bien sur les autres personnages que sur le lecteur, la romancière assurait l'unité du *Survenant,* tout en restant fidèle à sa manière, qui est celle d'une conteuse juxtaposant les tableaux, ainsi qu'on le voit dans *En pleine terre.* Les dix-neuf chapitres du roman sont en effet construits un peu comme des contes, mais avec cette différence essentielle que l'intrigue y est concentrée autour d'un héros charismatique, dans un cadre spatio-temporel rigoureusement circonscrit.

Cette rigueur toute traditionnelle se double d'un certain souci d'objectivité qui se décèle encore plus nettement quand on sait qu'avant même d'écrire la première page du *Survenant,* Germaine Guèvremont avait cru utile d'établir avec précision, à la manière de Balzac, « la liste des bêtes dont se composait le cheptel des Beauchemin », ainsi que « la liste des plantes cultivées par Angélina », et qu'elle avait « inventorié tous les meubles de la maison des Beauchemin avec leur place respective[6] ». L'énumération de fleurs (chap. V, p. 56), de canards (chap. VI, p. 65), d'outils anciens (chap. VII, p. 73), de jeux de société (chap. X, p. 107), etc., constitue des vestiges de ces inventaires auxquels les romanciers s'astreignent par mesure de sécurité.

Il est en effet rassurant de suivre un modèle. Ainsi Germaine Guèvremont se réclamait-elle franchement de Balzac en mettant en tête de la dactylographie du *Survenant,* en guise d'épigraphe, un extrait d'*Eugénie Grandet* (le passage cité est ici en italique) :

> ⌒ [...] Les anciens hôtels de la vieille ville [de Saumur] sont situés en haut de cette rue jadis habitée par les gentilshommes du pays. La maison pleine de mélancolie où

se sont accomplis les événements de cette histoire était précisément un de ces logis, *restes vénérables d'un siècle où les choses et les hommes avaient ce caractère de simplicité que les mœurs françaises perdent de jour en jour*[7]. ⌒

Ces quelques lignes, qu'elle a ensuite raturées parce qu'elle a dû les trouver peu appropriées au cadre géographique et même culturel de son roman, nous permettent cependant de mieux comprendre les rapports d'analogie qui s'établissent entre Eugénie qui s'éprend de son cousin Charles, soudain apparu à Saumur, et Angélina, amoureuse du Survenant. Les deux héroïnes seront pareillement abandonnées.

Le premier principe du roman réaliste consiste à couler le récit dans un cadre temporel précis, en respectant le plus soigneusement possible la vérité des dates et des événements. La description que le Survenant fait de la ferme des Beauchemin, qu'il découvre pour la première fois (chap. IV, p. 44), sert à fournir au lecteur le repère chronologique dont il a besoin pour situer l'histoire avec exactitude. La date de 1908 affichée au faîte de l'une des granges bâties l'année précédente nous permet en effet de savoir que le Survenant arrive au Chenal du Moine à l'automne de l'année 1909 (en octobre, comme on nous le précise à la page 33) et qu'il en repart un an plus tard (septembre 1910). L'alternance des saisons est scandée par le rythme des travaux et des jours : chasse aux canards, encavement des pommes de terre, débitage du bois de chauffage, veillées, repas, première neige, dégel, foire du printemps, chaleur de l'été, puis, de nouveau, brumes de l'automne. Germaine Guèvremont pousse même le scrupule jusqu'à respecter le calendrier liturgique 1909-1910 : Évangile du premier dimanche de l'Avent, marché du « vendredi [31 décembre], veille du premier janvier » (chap. X, p. 93), fricot du dimanche 2 janvier chez les Salvail, fête de Pâques le « 27 de mars [1910] » (chap. XIII, p. 138), etc. D'autres repères chronologiques jalonnent l'œuvre, qu'il s'agisse du récit des terribles inondations (historiques) de la Semaine sainte de 1865 (chap. XI, p. 120 s.) ou encore de l'allusion (chap. X, p. 105) aux futures élections fédérales du 21 septembre 1911 qui devaient entraîner l'humiliante défaite du Parti libéral de Wilfrid Laurier. Citons encore l'évocation du Congrès eucharistique de Montréal (6-11 septembre 1910) (chap. XVII, p. 208) et, surtout, le rappel de l'explosion qui se produisit sous le quai de la gare Viger, à Montréal, le soir du vendredi 31 décembre 1909 (chap. X, p. 103), et qui fit une trentaine de blessés.

D'autres mentions de réalités de l'époque ont pour fonction de recréer le plus authentiquement possible le décor et l'atmosphère des années 1909-1910 : les poêles « Happy Thought » (chap. XI, p. 118), les premières automobiles (chap. XV, p. 171), les « gros *boss* de la compagnie Richelieu et des chantiers maritimes » de Sorel (chap. XV, p. 181), ainsi que le mémorable parc Sohmer de Montréal (1889-1919), avec ses célèbres combats et ses prodigieux exploits athlétiques (chap. XV, p. 175 s.). Ajoutons à cela les deux chansons alors à la mode (la *Petite Tonkinoise* de Villard et Scotto [chap. V, p. 58] et *Reviens, veux-tu* de Fragson et Christiné [chap. XV, p. 166] que le Survenant fait connaître aux habitants du Chenal du Moine, pour la plus grande joie des uns et le scandale des autres.

Pour peu qu'on soit attentif, cependant, on décèle dans ce tissu réaliste une discrète mais omniprésente émotion, digne de *Maria Chapdelaine*. Contrairement au narrateur naturaliste, froid et objectif, qui contemple ses créatures avec indifférence ou avec mépris, Germaine Guèvremont donne en effet l'impression de livrer ses propres souvenirs et d'être de connivence avec ses personnages[8], ce qui les rend attachants et sympathiques. En ce sens, elle se rapproche de Louis Hémon. Un exemple suffira. Avec Marie-Amanda, venue passer les fêtes au Chenal du Moine, la chaleur pénètre de nouveau dans la maison des Beauchemin :

> ⌒ Le travail lui semblait naturel et facile. L'œil se reposait à la voir apporter à l'accomplissement de toutes choses des gestes si précis, si paisibles. D'une main loyale et sûre d'elle-

même elle assaisonnait le manger, ou pétrissait le pain, de même qu'elle tordait le linge et faisait le ménage. S'il venait à manquer quoi que ce soit dans la maison, elle n'avait qu'à le dire. Aussitôt c'était à qui attellerait Gaillarde et courrait à Sainte-Anne, même à Sorel, acheter ce qu'il fallait, sans que personne trouvât à redire. Venant lui enseigna même le moyen de faire du pain sans lice. Phonsine, qui avait tant de peine à se faire aider d'Amable, enviait à Marie-Amanda son secret d'obtenir une si prompte assistance de chacun. Tandis qu'Angélina, de voir le Survenant si empressé auprès de Marie-Amanda, s'appliquait en cachette à copier les manières de son amie (chap. IX, p. 86-87). ᴗ

Sensations

Dans *le Survenant* et dans *Marie-Didace*, les scènes d'extérieur alternent avec les scènes d'intérieur, comme pour mieux marquer l'équilibre entre l'univers des hommes et celui des femmes et l'harmonie qui règne entre eux et la nature. Les deux romans acquièrent de ce fait une vertu apaisante qui s'apparente au sentiment de sécurité et de bien-être que l'enfant éprouve dans la chaleur d'un foyer uni.

Cette atmosphère maternelle et intimiste, à forte composante affective, dans laquelle baigne le diptyque romanesque et qui lui donne une saveur si particulière et inoubliable, on la doit à la remarquable sensibilité de Germaine Guèvremont. Sa faculté d'éprouver une émotion se double en effet d'une rare aptitude à ressentir les impressions physiques.

Le monde, c'est par tous ses sens, mais par l'ouïe d'abord, que Germaine Guèvremont cherche à l'appréhender, avec l'avidité qui lui est coutumière. Bien que souffrant de surdité[9], elle est en effet une « auditive » plus qu'une visuelle[10]. Les habitants du Chenal du Moine, à la fois paysans et chasseurs, installés dans ce coin de pays isolé depuis des générations, usent d'un « parler dru, [de] mots sonores [et d'un] verbe naturel[11] » qui la séduisent par leur authenticité et sollicitent son imagination. Les personnages que Germaine Guèvremont crée sont nettement définis. Chacun a sa personnalité, son caractère propre, son timbre de voix, son rythme, son débit, ses archaïsmes et ses régionalismes, ses tics et ses manies. Aussi sont-ils fortement individualisés. Il leur suffit de prendre la parole pour imposer leur présence, et ils ne s'en privent pas. Les dialogues occupent en effet une place de choix dans *le Survenant* et *Marie-Didace*; le narrateur lui-même, en sympathie avec ses personnages, modèle sa parole sur la leur et va même jusqu'à leur céder le pas, multipliant les recours au discours indirect libre. Les adaptations radiophoniques et télévisuelles de ses romans s'en trouvèrent de ce fait grandement facilitées.

Dans son diptyque romanesque, les notations sensorielles foisonnent. Prenons comme exemple *le Survenant*. La romancière y donne à :

— VOIR : « Phonsine regarda la pluie descendre sur les vitres : oblique, par courtes flèches, elle frappait les carreaux, ou bien une goutte tremblait, hésitait, puis s'élançait, d'un seul jet, comme une couleuvre d'eau » (chap. XII, p. 126). Voir aussi la description des îles en automne (chap. VI, p. 64 s.), puis au printemps (chap. XIV, p. 154 s.), d'un matin d'hiver (chap. X, p. 94), etc.

— SENTIR : « Puis un arôme de fines herbes, d'épices, de nourriture grasse, avec de bruyantes exclamations, les saluaient » (chap. X, p. 98). Voir aussi : « Il lui tendit une brassée de foin d'odeur » (chap. IV, p. 49), « Ça sent le bord de l'eau, vous trouvez pas ? » (chap. IX, p. 91), « Après une pluie de durée, une odeur végétale, terreuse, dépassa les clairières » (chap. XIV, p. 150), etc.

— TOUCHER : « Parfois [Phonsine] sortait de leur cachette de délicates retailles de satin pâle et de velours flamme, pour le seul plaisir de les revoir de près et de les sentir douces au toucher » (chap. IV, p. 48). Voir aussi : « Dans une brève étreinte, les mains, l'une après l'autre, disaient ce que souvent les lèvres n'osaient pas formuler » (chap. X, p. 112). « Et elle se mit à lui laver plus doucement la figure, comme elle eût lavé un enfant » (chap. XII, p. 129), etc.

— GOÛTER : « Il avait le secret des crêpes et des galettes de sarrasin comme pas une créature est capable d'en délayer. Elles fondaient dans la bouche » (chap. IV, p. 45). « La perdrix, on la mange aux choux avec des épices [...]. Vous trouvez pas que le bouilli a goût de suif ? » (chap. IV, p. 46-47). « De gros becs sonores qui avaient goût de tabac » (chap. X, p. 99). Voir aussi les descriptions des repas de Noël (chap. IX, p. 87) et du fricot des Salvail (chap. X, p. 100 s.), ainsi que de l'« extase » du Survenant (chap. X, p. 109).

— ENTENDRE : « Le chemin durci crissait sous les lisses de traîneaux. Chaque nuit les clous éclataient dans les murs et, crispés, les liards pétaient autour de la maison » (chap. X, p. 93). Voir aussi « À son oreille, maintenant, les pelletées de glace tombaient avec un bruit mat, celui de la terre que l'on jette sur une tombe » (chap. XIII, p. 146). « Dans le midi bleu, un grand rire clair se mêlait à la cloche de l'angélus et les deux sonnaient l'allégresse à pleine volée » (chap. XIII, p. 148). « [Les outardes] volaient en herse [...], jetant sans cesse leurs deux notes de détresse auxquelles répondait l'exhortation mélancolique de l'éclaireur. Après la soirée, en entr'ouvrant la porte, Didace entendit dans le ciel un long sifflement d'ailes : un dernier volier passait comme un coup de vent » (chap. VI, p. 68), etc.

De tous les sens, c'est cependant la vue qui semble la plus sollicitée. Le thème du regard est particulièrement bien exploité

173

au début du *Survenant*. Loin d'être hostile et pétrifiant, comme chez Sartre ou encore chez le romancier québécois André Langevin, le regard est ici synonyme de franchise (« Son regard de chasseur qui portait loin, bien au delà de la vision ordinaire, pénétra au plus profond du cœur de l'étranger » [chap. I, p. 22]) ou de contemplation (« Le regard perdu dans le firmament pommelé vers le nord [...] » [chap. III, p. 41]).

Humour

Le regard, c'est aussi celui que le narrateur jette sur ses personnages, en général avec tendresse, mais parfois avec humour. Fille d'artiste (sa mère, Valentine Labelle, était peintre), Germaine Guèvremont a l'art de croquer un personnage en le figeant dans une posture ou une attitude caractéristique. Ainsi Pierre-Côme Provençal, au moment où il « mesure la richesse » de la ferme des Beauchemin, avec « ses petits yeux bridés à la façon du renard en contemplation devant une proie » (chap. II, p. 25). Ailleurs, la romancière le décrit, « figé, secret comme le hibou » et prêt à « détruire dans l'esprit de son garçon [Joinville] l'effet des paroles malfaisantes du Survenant » (chap. V, p. 52). Ou encore, « carré » sur le banc d'œuvre, à l'église, en ce premier dimanche de l'Avent : « Fort, sanguin, engoncé dans sa graisse et dans la satisfaction de sa personne, il occupait la moitié du banc » (chap. VIII, p. 79). Parfois, c'est une scène qui est saisie dans ce qu'elle présente de cocasse — comme la partie de croquet, au village de Sainte-Anne, soumise aux tergiversations du gros Cleophas (chap. XV, p. 167-169) — ou d'enjoué, comme l'est la conversation des vieux à la fin du repas chez les Salvail (chap. X, p. 104-106). La veille du Jour de l'an est également un temps propice à la gaieté ; aussi l'atmosphère est-elle à la bonne humeur au marché de Sorel, où fusent les mots d'esprit (chap. X, p. 94-95). « Les visites et les tournées de petits verres » (chap. X, p. 97) du 1er janvier prolongent un entrain et une jovialité qui atteindront leur paroxysme le lendemain soir, au cours

174

du « fricot », rappel des soirées du bon vieux temps, accompagnées de bonne chère, de chansons, de danses, de jeux de société et de plaisanteries ou encore de taquineries, dont sont par exemple victimes les pittoresques « demoiselles Mondor » (chap. X, p. 99).

Il arrive aussi que l'humour de Germaine Guèvremont s'exerce aux dépens de Phonsine, ainsi croquée au moment où elle s'apprête à partir pour la messe : « Dans sa collerette de rat d'eau sentant la camphorine, elle était à peine reconnaissable, et fort enlaidie : elle n'avait plus son visage lisse et blême, ni ses bandeaux unis, des jours de semaine, mais un toupet frisé comme à perpétuité et la figure d'une blancheur risible, de la poudre de riz jusqu'à la racine des sourcils et des cils » (chap. VIII, p. 77-78).

Point de vue

Bien que le récit soit fait à la troisième personne et au temps passé par une voix anonyme et fictive, celle de ce qu'il est convenu d'appeler le « narrateur », et bien que ce narrateur soit extérieur à l'histoire qu'il relate, il entre « dans la peau de ses personnages » en épousant leurs sentiments et leur point de vue. Ainsi, par exemple, les nombreuses descriptions de paysages qui émaillent tout naturellement un récit qui se déroule dans le décor grandiose des îles de Sorel, loin d'être des hors-d'œuvre, sont presque systématiquement intégrées à la rêverie des personnages, et en particulier à celle du Survenant qui découvre peu à peu, au fil des saisons (chap. VI, p. 63 s., et chap. XIV, p. 154 s.), un pays auquel il est étranger. De même, Didace, attristé par la mort récente de sa femme, contemple d'un œil différent sa maison désormais privée de chaleur :

    ⁓ Depuis la mort de Mathilde, sa femme, non seulement Didace recherchait les occasions de s'éloigner de la maison, mais la fuyait, comme si le sol lui eût brûlé les pieds, comme si les choses familières, jadis hors de prix, à ses yeux, s'y fussent ternies et n'eussent plus porté leur valeur. Sans hâte il racla ses bottes au seuil, tout en jetant un coup d'œil à l'intérieur de la maison [...]. Les rideaux sans apprêt pendaient comme des loques aux fenêtres et dans les deux chambres du bas [...], les lits de plume, autrefois d'une belle apparence bombée, maintenant mollement secoués, s'affaissaient au milieu (chap. II, p. 27). ⤳

Et quand passe dans le ciel d'automne ou de printemps un volier d'outardes, c'est le vieux chasseur, volontiers braconnier, que ce spectacle éveille et tire hors de chez lui (chap. VI, p. 68, et chap. XIV, p. 149).

Une autre façon de coller à la conscience des personnages consiste, pour le narrateur, à assumer leurs discours en les laissant parler par sa voix, en faisant appel aux ressources que lui offre le discours indirect libre. Les exemples abondent ; n'en retenons qu'un. Angélina se rend chez ses voisins : nous ne sommes qu'en octobre, mais déjà les Beauchemin paraissent avoir quitté le fournil, qui leur sert de cuisine d'été, pour emménager dans la grand-maison. Voici les réflexions qu'elle se fait et que nous rapporte le narrateur d'une manière indirecte :

⤳ Anciennement Marie-Amanda et la mère Mathilde, comme la plupart des femmes du Chenal du Moine et du rang de Sainte-Anne, n'auraient jamais songé à s'encabaner avant la Toussaint. La bru Alphonsine n'avait pas raison d'agir autrement. Si le fait de s'écouter, d'être peu dure à son corps, et gesteuse, donne à une femme le droit de déranger l'ordre des choses, autant prendre le deuil de tout. [...] Pour sa part, Angélina ne moisirait pas auprès d'une telle extravagante : le temps d'emprunter une canette de fil et elle continuerait son chemin (chap. III, p. 32). ⤳

Ce procédé permet de réduire, et parfois d'éliminer, l'écart qui sépare la langue soignée du narrateur et le registre familier des personnages. Ces derniers recourent en effet volontiers aux régionalismes, dont la variété en même temps que le choix judicieux confèrent au *Survenant* et à *Marie-Didace* une saveur linguistique et une aura poétique toutes particulières.

Lyrisme

Le narrateur emploie lui-même spontanément un vocabulaire affectif dès qu'il s'agit de décrire une émotion, et à plus forte raison la souffrance. Voici, par exemple, comment se présente Phonsine, au début du *Survenant*, sous l'œil de son beau-père : « Frêle, les épaules et les hanches étroites, avec ses cheveux tressés en deux nattes sur le dos et ainsi abandonnée à elle-même, elle avait l'air d'une petite fille en pénitence » (chap. II, p. 28). Maladroite, faible et apparemment incapable de donner un héritier aux Beauchemin, elle craint le « regard sévère » et méprisant du père Didace, qui pèse sur elle comme une condamnation.

Angélina Desmarais apparaît tout aussi pitoyable avant que l'amour ne la transforme : « Un teint cireux et une allure efflanquée la faisaient ressembler à un cierge rangé dans la commode depuis des années. Sans cesse ses cheveux morts s'échappaient du peigne par longues mèches sur la nuque. Seuls ses yeux vifs et noirs, brillants comme deux étoiles, vivaient sous le front bombé » (chap. V, p. 53). Avec ces mêmes yeux en éveil, elle examine, quelques instants plus tard, complètement ensorcelée, la « main en étoile » du Survenant dont elle est éperdument amoureuse. Mais quand celui pour qui elle aurait tout donné a disparu, elle redevient franchement pathétique, allant de maison en maison, « à petits pas, en sautillant comme un moineau » (chap. XVII, p. 201), pour rembourser les dettes du Survenant, et enfonçant « dans la vase jusqu'à la cheville et [traînant] sa jambe faible, comme une aile blessée [...]. Ses immenses yeux noirs lui mangeaient le visage et l'eau de pluie roulait avec les larmes sur ses joues blêmies. »

Le spectacle de la nature touche aussi l'âme de la romancière, suscitant parfois chez elle une impression si forte que sa plume se fait lyrique : alors naissent les comparaisons (« C'était comme un déroulement de soieries de toutes les nuances » [chap. XV, p. 184] ; « Éparses parmi les champs nus, les maisons [...] prenaient l'allure d'austères paysannes attardées à l'ouvrage » [chap. II, p. 30]), les métaphores (« Les mots titubaient sur ses lèvres [...], l'inlassable pèlerin voyait rutiler dans la coupe d'or le vin illusoire de la route, des grands espaces, des horizons, des lointains inconnus » [chap. XVI, p. 191]) et, particulièrement fréquentes, les personnifications, qui frappent l'imagination du lecteur par son expressivité. Un exemple suffira. Angélina se rend chez les Beauchemin ; une violente bourrasque l'assaille :

> ∽ Le vent, un vent d'octobre, félin et sournois, qui tantôt faisait le mort, comme muet, l'œil clos, griffes rentrées, allongé mollement au ras des joncs secs, et insoucieux de rider même d'un pli la surface de l'eau, maintenant grimpé au faîte des branches, secouait les arbres à les déraciner. En deux bonds il fonça sur la route [...] (chap. III, p. 33). ∽

On pourrait encore citer l'admirable description des îles du Chenal du Moine au printemps (chap. XIV, p. 150). Avec de pareilles pages, l'œuvre de Germaine Guèvremont se hausse au niveau de la poésie.

Notes

1. Lettre de Germaine Guèvremont à Alfred DesRochers [février-mars 1946 ?]. Voir aussi la confidence qu'elle faisait en 1945 à Edgar-Maurice Coindreau : « Sans autre formation littéraire que celle que je me suis donnée par mes lectures, j'écris uniquement par instinct » (E.-M. Coindreau, « Coup d'œil aux livres. *Le Survenant* », *l'Œil*, vol. 5, n° 12, 15 juillet 1945, p. 30).

2. Lettre de Germaine Guèvremont à Alfred Desrochers, mai 1944. C'est à l'issue d'une relecture de *The Yearling* de Marjorie Rawlings, roman qui l'a éblouie, que Germaine Guèvremont rédigea cette lettre.

3. Voir Yvan G. Lepage, « "Cher Survenant..." : Germaine Guèvremont-Alfred DesRochers (1942-1951) », *Voix et images*, vol. 16, n° 1, automne 1990, p. 64-78.

4. Germaine Guèvremont, « Les petites joies d'un grand métier », texte dactylographié, [1945], 19 f. (21,5 x 28 cm), Archives nationales du Québec à Sherbrooke, fonds Alfred DesRochers.

5. Rita Leclerc, *Germaine Guèvremont*, p. 82.

6. Rita Leclerc, *Germaine Guèvremont*, p. 81-82.

7. Honoré de Balzac, *Eugénie Grandet*. I : *Physionomies bourgeoises*, éd. Pierre-Georges Castex, Paris, Garnier, 1965, p. 9.

8. À cet égard, il n'est que de comparer l'âpre conte de Maupassant, intitulé « Le vieux », avec le récit de l'agonie et de la mort du père Didace (*Marie-Didace*, II chap. III).

9. « [Ma mère], précise Louise Gentiletti, avait dû abandonner ses études de violon vers 16 ou 17 ans, par suite d'une surdité précoce. Cette infirmité lui nuisait beaucoup et la rendait un peu mal à l'aise pour converser avec de nouvelles figures » (Rosaline Désilets-Ledoux, « Pages du foyer. Germaine Guèvremont. Un grand écrivain, une femme simple, une mère douce... », *la Terre de chez nous*, n° 9, octobre 1968, p. 16). Voir aussi Alice Parizeau, « Germaine Guèvremont, écrivain du Québec », *la Presse*, 3 février 1968, p. 15.

10. « Rien de ce qui tombe dans l'oreille d'un journaliste ne se perd », rappelle-t-elle dans « Les visiteurs du Jour de l'An », *le Nouveau journal*, 30 décembre 1961, p. 21.

11. [Anonyme], « Un beau livre s'en vient : *En pleine terre* par Germaine Guèvremont », *Paysana*, vol. 5, n° 2, mai 1942, p. [2]. Voir aussi « Vient de paraître : *En pleine terre* par Germaine Guèvremont », *ibid.*, vol. 5, n° 6, août 1942, p. 3.

CHAPITRE 10

RÉCEPTION
DE L'ŒUVRE ROMANESQUE

En dehors des multiples comptes rendus auxquels *le Survenant* et *Marie-Didace* donnèrent lieu[1], aussi bien lors de leur publication (1945 et 1947 respectivement) qu'à la parution de la traduction anglaise des deux romans en 1950, on ne dénombre que peu d'études proprement dites, et encore moins de monographies.

La plupart des analyses que l'œuvre romanesque de Germaine Guèvremont (et *le Survenant* en particulier) a jusqu'à maintenant suscitées s'apparentent en effet plus au domaine de l'appréciation ou du jugement de valeur qu'à la véritable critique.

Tout en situant *le Survenant* dans la longue tradition du roman paysan ou régionaliste, avec le séculaire conflit du sédentaire et du nomade que cela implique (Catherine Rubinger[2], André Vanasse, etc., et surtout Michelle Lavoie), les commentateurs ont généralement reconnu le caractère profondément original de l'œuvre. Ainsi que le constatent Réjean Robidoux et André Renaud, par exemple, « d'épisodique qu'il est ailleurs, [le] personnage [du Survenant] devient [ici] le héros du récit » ; par ailleurs, l'« homogénéité » (Guy Sylvestre) tout à fait exceptionnelle du style et de l'écriture de Germaine Guèvremont résulte pour l'essentiel de la sympathie manifeste qu'elle éprouve pour ses personnages.

Outre une douzaine de thèses de maîtrise et quelques rares thèses de doctorat, l'œuvre de Germaine Guèvremont n'a jusqu'ici donné lieu qu'à cinq monographies, ce qui est fort modeste par rapport à la célébrité de romans depuis longtemps reconnus comme des classiques. Les ouvrages de Rita Leclerc (1963) et de Renée Cimon (1969) se complètent : on y trouve une biographie de Germaine Guèvremont, des analyses de l'œuvre et de la technique de la romancière, des extraits critiques, des pages choisies et une bibliographie. En quatre chapitres, Jean-Pierre Duquette (1973) pour sa part étudie tour à tour, dans *Germaine Guèvremont : une route, une maison,* les personnages et les thèmes, l'espace, le temps, puis la structure d'ensemble et l'écriture. De son côté, Pierre Girouard aborde, dans *Germaine Guèvremont et son œuvre cachée,* l'œuvre journalistique, à la fois abondante et mal connue, de la romancière. La dernière en date des monographies, celle d'Alain Charbonneau, constitue une introduction succincte mais sûre au *Survenant* ; conformément à l'objectif de la collection qui l'accueille (« Texto HMH »), elle représente un outil pédagogique pour les étudiants du niveau collégial.

Malgré l'intérêt certain de ces cinq ouvrages (et en particulier de celui de cette pionnière des études guèvremontiennes que fut Rita Leclerc), c'est ailleurs qu'il faut tourner son regard pour prendre de l'œuvre romanesque de Germaine Guèvremont des vues vraiment originales, bien que partielles et parfois partiales.

En attirant l'attention du lecteur sur le rôle central que joue la maison (et la cuisine au premier chef) dans *le Survenant* et *Marie-Didace,* Bruno Lafleur[3] se trouvait en quelque sorte à préparer, dès 1948, la belle « lecture féminine » de l'œuvre de Germaine Guèvremont que l'on doit à Patricia Smart. Il faudrait ici tout citer, tant l'analyse est neuve et riche, mais bornons-nous à cet extrait :

     ⌒ Chez Guèvremont, la portée essentielle de l'écriture se trouve dans une densité de vie qui échappe à la linéarité de la trame narrative : une atmosphère de maison chaleureuse, une attention autant à ce qui fait la qualité d'un bon repas qu'aux gestes et aux rires, aux petites envies, mesquineries, ou générosités qui constituent la texture de la vie quotidienne. [...] À d'autres moments, elle décentre le récit vers le plaisir, comme dans le bavardage des femmes qui s'en va dans toutes les directions, communiquant tout un pan de réalité qui était auparavant évincé du roman de la terre[4]. ⌁

André Major avait lui aussi perçu, dès 1968, quelques jours après la mort de la romancière, cette atmosphère « toute de familiarité et de bonté » qui caractérise l'univers guèvremontien, « où les êtres ne vivent pas seulement de pensées mais de sensations nées du contact avec autrui et leur décor naturel ». Et il ajoutait :

⌁ On sait que Colette était [la] meilleure amie [de Germaine Guèvremont]. Elle la lisait pour mieux se connaître. Comme chez l'auteur de « Sido », sa perception des choses est toute sensorielle, avec cette différence que Guèvremont a plus de pudeur et qu'elle a préféré dévoiler sa vérité par le biais de l'imaginaire. Elles ont en commun le plaisir de sentir vibrer la vie en elles et autour d'elles (*le Devoir*, 31 août 1968, p. 9). ⌁

La sensualité qui imprègne l'œuvre (*le Survenant* en particulier) est aussi de l'ordre de la volupté et de l'érotisme, ainsi que l'a efficacement montré Robert Major :

⌁ L'érotisme, force de vie, source de vie, et dont la sexualité n'est que le plus éclatant aspect, est au centre même du roman. Cela est surtout évident lorsqu'on examine l'influence du Survenant sur les différents personnages.

Même la lecture la plus sommaire du roman fait apparaître la fascination proprement érotique que le Survenant exerce sur les personnages du roman, personnages masculins autant que féminins. Toutes les célibataires du coin sont attirées chez Didace pour les veillées et sont désarmées par l'indifférence du Survenant à leur égard. Les hommes, quant à eux, l'admirent pour sa force et son adresse, mais sont aussi attirés et émerveillés par son physique, la blancheur « presque féminine » de sa peau, ses longues jambes, sa musculature souple et puissante qui font de lui « l'image même de la vie » (*Voix et images*, décembre 1976, p. 196).

En poussant cette lecture jusqu'à son extrême limite, Adrien Thério en arrive pour sa part à la conviction que le Survenant est un « homosexuel qui se cache », mais cette conclusion hardie ne paraît avoir éveillé aucun écho.

Si d'un côté Madeleine Ducrocq-Poirier met l'accent sur la xénophobie des paysans du Chenal du Moine et la solitude à laquelle l'étranger se trouve de ce fait condamné, Françoise Maccabée Iqbal élève, elle, le Survenant au rang de « rédempteur » de l'ordre ancien que représente le père Didace et qui menace ruine. Françoise Maccabée Iqbal n'hésite pas à déclarer que « Germaine Guèvremont se fait le chantre de l'agriculturisme dans *le Survenant* ». C'est, selon nous, confondre l'auteur avec son personnage : ce qui est peut-être vrai du père Didace (et encore, ce dernier est-il bien plus foncièrement chasseur que paysan !) ne l'est pas forcément de Germaine Guèvremont. *Marie-Didace* montre d'ailleurs clairement la fin de la dynastie des Beauchemin, que le père Didace pressentait d'entrée de jeu. Quant au rôle de « rédempteur » que jouerait le Survenant dans cet univers en déliquescence, il est illusoire, ainsi que l'a bien vu Paul-Émile Roy :

> La venue du Survenant au Chenal du Moine apparaît comme un recours à l'aventurier pour tenter de sauver l'héritage de la vie familiale et paroissiale traditionnelle, laquelle est investie des valeurs religieuses dont Didace est l'incarnation. Et il est vrai que la présence du Survenant provoque un renouveau de vie et d'espoir au Chenal. Pourtant, ce renouveau ne dure pas, et le Survenant ne peut finalement rien pour le petit monde de Didace[5].

Par ailleurs, en faisant du père Didace le soi-disant « personnage principal » du *Survenant* et de *Marie-Didace*, au détriment du Survenant et de Phonsine, Paul-Émile Roy semble aussi pécher par excès. Ce déplacement de la perspective ne met toutefois pas en péril la pertinence de son analyse du temps dans l'œuvre de Germaine Guèvremont que la phrase suivante résume bien :

> ⌒ Si *le Survenant* et la première partie de *Marie-Didace* étaient le temps du mythe, [la] dernière partie de *Marie-Didace* est le temps de la dissolution du mythe, le temps de l'histoire. De circulaire, le temps devient linéaire (*ibid.*, p. 27). ⌒

L'ambiguïté du personnage du Survenant, déchiré entre le désir de se fixer et le besoin de s'évader, n'a pas échappé à Sœur Sainte-Marie-Éleuthère, à qui l'on doit la seule étude de type psychanalytique à laquelle l'œuvre de Germaine Guèvremont ait jusqu'ici donné lieu :

> ⌒ Cernons de plus près la personnalité du Survenant. Pourquoi, sans cesse en mouvement, reste-t-il prisonnier de lui-même ? C'est que deux passions dominent sa vie : l'alcool et la route [...].
>
> L'alcool c'est le breuvage sacré qui l'introduit dans un monde inaccessible [...]. Or le seul liquide expérimenté comme magique à ces profondeurs [de l'inconscient] c'est le lait maternel. L'alcool aimé comme l'aime le Survenant ramène à une image de la mère nourricière [...] (« Mythes et symboles de la mère... », p. 201). ⌒

Dans *la Mère dans le roman canadien-français*, Sœur Sainte-Marie-Éleuthère dissèque d'une manière analogue le cas de Phonsine, guettée par la folie.

En passant, dans un deuxième temps, de la psychologie des profondeurs à une analyse de type jungien, Sœur Sainte-Marie-Éleuthère ouvre des perspectives encore plus vastes :

⌒ Ces héros [Menaud, Euchariste Moisan et le Survenant] dominés par une image maternelle expriment surtout une réalité dont nous prenons à peine conscience : notre isolement et notre mentalité d'orphelin. Les mythes et les symboles ont pour fonction de révéler au niveau de l'inconscient les déficiences et les échecs individuels et collectifs. Les diverses projections de la mère nourricière et de la mère dévorante que nous avons analysées traduisent notre inquiétude dans le présent et l'insécurité que nous éprouvons quant à l'avenir [en tant que peuple] (« Mythes et symboles de la mère... », p. 202). ⌒

Ces quelques réflexions jettent les bases d'une véritable mythanalyse de l'œuvre romanesque de Germaine Guèvremont.

Notes

1. Voir les introductions à mes éditions critiques du *Survenant* et de *Marie-Didace*.

2. Pour le détail, voir la Bibliographie, *infra*.

3. Bruno Lafleur, « "Le Survenant" et "Marie-Didace" », *Revue dominicaine*, janvier 1948, p. 5-19 (voir p. 17). Voir aussi François Ricard, « Relire G. Guèvremont », *Courrier Riviera*, 21 septembre 1977, p. 70 : « On sait à quel point Germaine Guèvremont, dans *le Survenant*, excelle à évoquer le monde des femmes. Or dans *Marie-Didace* ce talent apparaît avec encore plus de force. Il y a dans ce livre des portraits de femmes et des évocations de la vie intérieure féminine qui surpassent peut-être tout ce qui a été écrit en ce genre au Québec. »

4. Patricia Smart, *Écrire dans la maison du père*, p. 141-142.

5. Paul-Émile Roy, *Études littéraires...*, p. 37.

CONCLUSION

~

À L'OMBRE DU PÈRE

Tenter de résumer en quelques mots l'ensemble de l'œuvre de Germaine Guèvremont et de porter un jugement de valeur sur cette abondante production, c'est risquer à coup sûr d'être injuste. On y trouve en effet un peu de tout : des articles de circonstance, plus ou moins soignés ; des chroniques, des portraits et des interviews ; des réflexions faites sur le ton de la confidence voisinant avec des mots d'enfant, des anecdotes et des histoires drôles ; un récit semi-autobiographique (« Tu seras journaliste ») et bon nombre de textes plus ou moins ouvertement autobiographiques ; un recueil de contes et deux romans.

Germaine Guèvremont avait vingt ans lorsqu'elle publia son premier article, en octobre 1913. Elle ne cessa pratiquement plus d'écrire jusqu'à sa mort, avec des « pointes » entre 1928 et 1935, à l'époque où elle était rédactrice du *Courrier de Sorel* ; entre 1938 et 1950, période qui marque l'apogée de son œuvre aussi bien journalistique que littéraire ; en 1961-1962, enfin, alors qu'elle était chroniqueuse au *Nouveau journal*. Sans oublier, bien sûr, la fébrilité des années 1952 à 1960, consacrées quasi exclusivement aux adaptations radiophoniques et télévisuelles de son œuvre romanesque : lourde tâche, s'il en fut[1]. De ces milliers de pages noircies avec patience durant plus d'un demi-siècle émergent deux œuvres majeures : *le Survenant* et *Marie-Didace*, et un personnage mythique : le Grand-dieu-des-routes. Le reste est inconnu ou méconnu. Moins peut-être les contes d'*En pleine terre* que les innombrables articles et chroniques qu'elle publia généreusement dans quantité de revues, de journaux et de magazines, sans se soucier vraiment du jugement de la postérité. Le regard amusé et gentiment moqueur qu'elle porte sur le monde contemporain contrebalance ce que l'on peut trouver de compassé dans le ton et de convenu dans le style. Ce qui domine, dans cette œuvre, c'est une forme de confiance et d'hédonisme : Germaine Guèvremont vit dans le présent, avec gourmandise, un regard constamment tourné vers le passé, mais sans souci de l'avenir. Au présent réel de l'actualité, celui de la journaliste, s'oppose le passé mythique du Chenal du Moine, qui est celui de la conteuse et de la romancière. Cette bipolarié est chez elle fondamentale ; elle recoupe la dialectique sédentaires contre nomades qui a façonné l'âme québécoise et qui a fasciné Germaine Guèvremont, elle qui n'a cessé de s'identifier à cette « poussière des routes » qu'est le Survenant. Ainsi, ce passé et ce présent, ce sont les siens d'abord : elle aura en effet su animer son œuvre avec son expérience intime, sans toutefois étaler son « moi », car elle est trop pudique pour cela. On ne s'étonnera donc pas de ne trouver, dans ses chroniques, aucune allusion aux religieuses, bien qu'elle ait fréquenté quatre couvents dans son enfance et dans son adolescence : sœurs de Sainte-Croix à Sainte-Scholastique, sœurs de Sainte-Anne à Saint-Jérôme et à Lachine, puis sœurs de l'Incarnation à Toronto. Comme si cette expérience avait été trop intime pour pouvoir être livrée au public. Par ailleurs, certains sujets et certaines réalités ne l'intéressent visiblement pas : on ne trouve rien sur le monde ouvrier, sur l'antisémitisme et le fascisme, sur Duplessis, sur l'Église, non plus que sur les arts : peinture, sculpture et musique. En revanche, la femme occupe une place centrale dans son œuvre journalistique, ainsi que dans son univers romanesque.

La femme, mais aussi l'enfant. Car ce qui frappe, dans cette œuvre, c'est qu'elle est traversée à la fois par l'amour de la vie et par la nostalgie de l'enfance.

Le frisson de plaisir et l'intense sensation de bien-être qu'éprouve spontanément le lecteur du *Survenant* et de *Marie-*

Didace doivent en effet beaucoup à la subtile alliance de fraîcheur enfantine et de sensualité à la fois féminine et maternelle qui caractérisent l'art de la romancière.

Germaine Guèvremont avait à n'en pas douter la vocation du bonheur. Or l'écriture lui fut souvent une souffrance. Cette apparente contradiction pourrait bien cacher le sens profond de son œuvre, du moins de la meilleure part, celle qui précisément est travaillée par une sorte d'angoisse. Au terme de notre itinéraire, peut-être possédons-nous assez d'indices pour conclure que cette œuvre fut d'abord et avant tout une forme d'exorcisme, de thérapie.

Germaine Guèvremont pressentait-elle le merveilleux pouvoir de transfiguration que possède la littérature lorsqu'elle écrivait, en 1941, dans « Le tour du village » :

⌢ Plus tard, quand je quittai pour de bon la maison paternelle, ma mère joignit à ce que j'emportais le portrait qu'elle avait peint de moi. Pour ne pas la blesser, je lui en témoignai de la joie, mais je le reléguai dans un placard jusqu'au jour où mes filles le découvrirent avec enthousiasme : « Le portrait de maman ! venez voir le portrait de maman quand elle était petite ! » Et elles me supplièrent :

— Dis-nous, maman, ce que tu regardais avec tes yeux de petite fille...

C'était donc déjà mon tour de parler du vieux temps !

Je regardais le bois...

Je regardais la route...

Je regardais le bois qui dressait son bouquet de verdure au cœur même du village ; je regardais la route qui devait mener à des pays enchantés. Allongée sur l'herbe, j'écoutais longtemps longtemps les sourds accents de vie qui levaient de la terre[2]. ∽

Comme tout enfant, c'est avec ses sens que Manouche entrait en contact avec la réalité et c'est par eux qu'elle éprouvait douleur, émotion ou plaisir :

> ⌒ [...] voyager aux champs, boire au ruisseau, marcher nu-pieds dans l'herbe, manger à l'ombre la grosse nourriture des moissonneurs ; puis au retour s'agenouiller avec les voisins auprès du poêle à deux ponts pour la prière en famille ; veiller tard à la brunante ; sommeiller dans les bras de mon aïeul en écoutant des histoires d'autrefois ; coucher dans des lits à colonnettes où l'on nous hissait au bout des bras ; enfoncer jusqu'au cou dans la plume moelleuse ; s'endormir avec l'assurance que le traversin nous protégeait contre une chute dans la ruelle et la sagesse ancestrale contre les mauvais lutins. Toutes choses dont je ne me lassais point[3].
> ⌒

Cette célébration des sens se prolonge dans la gourmandise, refuge de l'enfant en mal d'affection. À six ans, Germaine connaissait déjà tous les secrets de la confiserie, et toute sa vie elle éprouva pour les nourritures terrestres un attrait quasi voluptueux[4] ; son œuvre en est profondément imprégnée.

On ne peut que se sentir bien, à la chaleur de son œuvre. Et même quand le malheur frappe et que l'un ou l'autre personnage souffre dans sa chair ou dans son âme, le sentiment de sécurité ne s'évanouit pas, protégé que l'on est par l'indéfectible solidarité du clan.

Chez Germaine Guèvremont, le groupe protège, la solitude tue. La protection toutefois ne suffit pas ; elle peut même se révéler étouffante, surtout quand l'amour en est absent. La tentation est alors grande de quitter le groupe et de recouvrer sa liberté, à l'instar du Survenant, quitte à meurtrir ceux que l'on abandonne. On ne peut pas non plus, semble-t-il, trouver le bonheur à deux : il n'y a pas de couple heureux dans l'œuvre de Germaine Guèvremont. Malgré la peine qu'elle se donne et les compromissions auxquelles elle consent pour être aimée du Survenant, Angélina Desmarais se retrouve seule, plus affligée que jamais. De même, après un bref instant d'illusoire bonheur, Didace déchante : l'Acayenne ne l'a épousé en secondes noces que pour « la sécurité de ses vieux jours ; de cœur, elle appartenait au Cayen Varieur » (*Marie-Didace*, I chap. XI, p. 115). Et ne parlons pas du couple mal assorti que forment Phonsine et Amable. Faible, lâche et paresseux, ce dernier se révèle aussi incapable de répondre aux attentes de son père qu'inapte à combler les aspirations de sa femme.

Sœur Sainte-Marie-Éleuthère a dévoilé les faiblesses de ces êtres fragiles, inquiets et inassouvis que sont Phonsine et le Survenant. Orphelins dès l'enfance, tous deux cherchent, chacun à sa manière, un substitut de la mère, l'un dans l'alcool et la route, l'autre dans le rêve inaccessible d'une vie bourgeoise, faite de confort et de sécurité. Ce sont des idéalistes que la réalité ne peut que décevoir et qui, de ce fait, ne peuvent accéder à la maturité.

On notera, à ce propos, qu'il y a beaucoup d'orphelins dans l'œuvre de Germaine Guèvremont. Si l'on excepte le Survenant, orphelin de père dès son plus jeune âge et élevé par son grand-père, c'est de mère que sont tôt privées Phonsine, Angélina et Marie-Didace, ainsi que la petite Marie d'*En pleine terre*, surnommée « l'Ange à Defroi ». Est-ce enfin un hasard si Phonsine, et sa fille Marie-Didace après elle, deviennent orphelines à l'âge de six ans ? Six ans, c'est l'âge que Germaine Guèvremont donne presque toujours à Manouche, la petite fille inquiète qu'elle fut et qu'elle fait revivre dans ses souvenirs d'enfance. L'importance qu'elle accorde à son père dans la naissance de sa vocation d'écrivain et les nombreux témoignages d'estime et d'admiration qu'elle lui rendit permettent, par comparaison avec la quasi-absence de sa mère, de deviner auquel de ses parents alla toujours sa préférence. Manouche se serait-elle sentie « orpheline » de mère ? Dans ce cas, non seulement la petite Marie-Didace, mais Phonsine et Angélina aussi seraient des doubles d'elle-même. Germaine Guèvremont l'a d'ailleurs reconnu. À une journaliste qui lui demandait un jour auxquels de ses personnages elle s'identifiait le plus, elle répondit :

> Phonsine. Cela vous étonne, n'est-ce pas ? Cette femme gauche, inquiète, c'est un peu moi qui fut [*sic*] toujours une timide. Angélina aussi d'ailleurs et très souvent le Survenant en qui passaient mes états d'âme et dont les malheurs longtemps m'oppressèrent[5].

Cette dernière remarque nous met toutefois sur une autre piste. Nomade, « poussière de route[6] », le Survenant est un être toujours inassouvi, le « symbole des bonheurs inaccessibles[7] ». Mais ne peut-on pas en dire autant de Joseph-Jérôme Grignon ? Plutôt que la mère, c'est le père, « ce bohème, ce poète, cet amant du vin et de la lumière[8] », qui manque dans la vie de Manouche.

« Enfant de la nature avant tout, [Joseph-Jérôme Grignon] portait la nostalgie des randonnées dans la montagne, des coups de ligne fabuleux et de la liberté. » C'est en ces termes que, beaucoup plus tard, Germaine Guèvremont devait présenter son père, dans son discours de réception à la Société royale. Enfant, elle avait dû l'attendre « des heures de temps devant l'auberge[9] », s'attachant d'autant plus fortement à lui qu'elle craignait de le perdre.

On ne s'étonne donc pas que le personnage du Survenant, « la joie de ma joie, la chair de ma chair, le sang de mon cœur », ainsi que Germaine Guèvremont le confiait à son amie Jeannine Bélanger, soit le fruit d'une synthèse complexe de tous les hommes qui avaient réellement compté dans sa vie, à commencer par son père. Et elle poursuivait : « [Mon père] ne saura jamais que sa fille le suit de loin dans le sillage des nobles phalanges du Rêve... »

Le Survenant, « double » de Joseph-Jérôme Grignon ; Phonsine et Angélina, « doubles » de Germaine Guèvremont. Le rapport est troublant. Le sentiment qui unit la fille au père comporte une dimension affective plus ou moins inconsciente, qui s'apparente plus à l'amour qu'à la piété filiale. Tant qu'elle est sentie comme tabou, cette inclination est combattue ou même niée. Enfouie dans le subconscient, elle n'en conserve pas moins toute sa violence émotive[10].

Devenue adulte, et une fois son père mort, Germaine Guèvremont tenta, grâce à la littérature, de se libérer de son complexe, ainsi qu'on l'a laissé entendre au chapitre II. En créant le personnage du Survenant, elle se trouvait, par un phénomène classique de transfert, à reporter sur cet « enchanteur pourrissant[11] » le sentiment coupable qu'elle avait primitivement éprouvé pour son père. Mais pour habile qu'elle soit, cette tactique n'est finalement qu'un piètre subterfuge. On ne se débarrasse pas si facilement d'une obsession.

La critique a toujours considéré comme une maladresse la révélation que le curé Lebrun fait au père Didace dans le chapitre final de toutes les éditions du *Survenant* antérieures à l'« édition définitive » de 1974. En levant le voile sur l'identité de son héros, Germaine Guèvremont lui retirait en effet une partie de son mystère. Du coup, l'enchantement s'évanouissait, tout au moins aux yeux du lecteur : le Grand-dieu-des-routes se trouvait brutalement ramené au niveau des simples mortels. À quel impératif obéissait donc la romancière ? Pour Germaine Guèvremont, le Survenant était la projection d'un fantasme, en même temps, comme on l'a vu, qu'un substitut inconscient du père. S'il est interdit pour une fille d'être amoureuse de son père, rien n'empêche d'aimer un étranger. Le Survenant est précisément un étranger faisant irruption dans un monde fermé qui n'est pas le sien. C'est du moins ainsi qu'il nous apparaît tout au long du roman, jusqu'au jour où nous découvrons, dans le fameux chapitre incriminé, qu'il n'est autre que Malcolm Petit de Lignères, apparenté au père Didace. En lui donnant une identité, un état civil, Germaine Guèvremont faisait du Survenant un Beauchemin par le sang, reconstituant en clair le schéma fatal auquel elle ne pouvait échapper. Mais Didace n'avait pas attendu cette révélation, que

l'on peut qualifier de redondante, pour « s'attacher le Survenant »
(*le Survenant*, chap. XIV, p. 158) et souhaiter retrouver en lui un
« fils » symbolique, un « prolongement de lui-même », un héritier
en remplacement de l'inepte Amable.

Dans la mesure où le Survenant accède symboliquement au
statut de « fils » de Didace, il devient du même coup le « beau-
frère » de Phonsine et de son « double » Angélina. Tout désir
amoureux est dans ces conditions virtuellement incestueux et donc
interdit, et l'interdit lui-même équivaut à une amputation. Ainsi
s'explique pourquoi Angélina boite et pourquoi Phonsine est
gauche et hantée par le spectre de la folie. Quant au Survenant,
esclave de la bouteille, il n'est qu'un enfant non encore sevré qui
fuit la femme pour partir « à la recherche de la mère perdue » :

> ∽ Le Survenant est un être divisé par deux images qui
> appartiennent à la mère, images qui se combattent en lui :
> celle de la mère nourricière et protectrice symbolisée par la
> maison et celle de la mère dévorante figurée par la route. Il
> ne sait pas que l'évasion dans l'espace est la tentation de
> rompre avec l'image maternelle qui domine son inconscient
> et qu'en même temps le départ lui restitue l'image chargée
> de plus de force affective dans l'isolement où il se trouve[12].
> ∽

Cette pertinente analyse s'applique aussi parfaitement aux relations de Germaine Guèvremont avec son père.

Tous les articles autobiographiques qu'elle parvint à écrire
portent, comme on l'a vu, sur les six premières années de son
existence. Elle n'avait pas encore pris conscience de l'attachement
excessif qu'elle éprouvait pour son père, dont elle était la « digne
fille », ainsi que le constatait sa mère en soupirant. « Tu devrais
comprendre que j'ai mes occupations », ajoutait-elle. « Après tout,
tu es à la veille d'avoir l'âge de raison. Bientôt tu auras tes sept
ans ». Et Manouche de répliquer : « J'les prendrai pas mes sept

ans[13] », répartie qui rappelle celle de la petite Marie-Didace (II chap. I, p. 169-170).

On sait que Phonsine éprouve à l'égard du Survenant des sentiments ambivalents : elle le rend responsable de tous ses malheurs (*Marie-Didace*, I chap. IV, p. 47) ; mais une fois enceinte, elle n'arrive pas à dissimuler le trouble étrange que provoque en elle la simple évocation du personnage :

> L'image du Survenant, avec son grand rire et ses défauts, avec son verbe insolent et son obligeance, sillonna sa pensée. Mais elle s'interdit de trop penser à lui, de peur que l'enfant ne finît par lui ressembler (I chap. I, p. 20).

Sans se l'avouer, Phonsine est amoureuse du Grand-dieu-des-routes. Son contact a éveillé ses sens et l'a pour ainsi dire rendue féconde, elle qui n'avait toujours pas de « petit dans les bras, après trois années de ménage » (*le Survenant*, chap. II, p. 29) et que son beau-père croyait stérile. Or, sa grossesse coïncide comme par hasard avec le départ de l'étranger. Marie-Didace naît en effet vers le milieu du mois d'avril 1911, prématurée d'un mois et orpheline de père, puisque ce même jour Amable est victime d'un accident mortel. Le Survenant avait quitté le Chenal du Moine au début du mois de septembre 1910. Il y a là comme une paternité symbolique, qui nous aide à mieux comprendre pourquoi Amable détestait tellement celui qui menaçait d'usurper son double titre de fils et de mari. Phonsine, pour sa part, exècre l'Acayenne, qu'elle accuse de s'être injustement emparée du pouvoir qu'elle s'efforçait d'exercer et qui, pour comble de malheur, lui dérobe l'affection de Marie-Didace. En conflit avec son mari et sa belle-mère, Phonsine se sentira de surcroît responsable de la mort de l'un et de l'autre et elle sombrera dans la démence.

Angélina, par contre, choisit de répondre franchement à l'appel lumineux du Grand-dieu-des-routes. Comme si elle avait attendu son heure, la vieille fille, avare et boiteuse, avait toujours éconduit les prétendants qui s'étaient présentés. Mais il a suffi que le Survenant apparaisse pour qu'elle s'ouvre à l'amour et au don de soi. Subjuguée par le bel étranger, Angélina est prête à tout lui donner. L'amour qu'elle éprouve pour lui est total, au point d'embrasser jusqu'à ses défauts : « c'est une femme qui aime un homme et qui l'accepte tel qu'il est. Elle ne s'attend pas à ce qu'il se réforme pour elle », écrit Catherine Rubinger. S'il ne saurait sacrifier à l'infirme ce qu'il a de plus cher — sa liberté —, le Survenant consent du moins à lui manifester un peu de sollicitude et à lui faire de temps en temps l'aumône de sa présence. Ces rares instants d'enchantement comblent Angélina et lui permettent de transcender la médiocrité à laquelle elle paraissait irrémédiablement condamnée. L'étranger aura donc fait de la vieille fille un peu revêche une femme amoureuse, et son départ n'y pourra rien changer. En ce sens, le Survenant l'a fécondée elle aussi.

Ainsi transposés au plan symbolique et transfigurés par la littérature, l'attachement érotique de Manouche à son père et ses rapports conflictuels avec sa mère se trouvent en grande partie résorbés.

En épousant Didace en secondes noces, l'Acayenne, « double » de Valentine Labelle, confine sa belle-fille Phonsine, « double » de Germaine Guèvremont, au second rang, la frustrant ainsi du titre de « reine et de maîtresse » auquel elle aspire depuis toujours. Mais en mettant au monde Marie-Didace, « fille » du Survenant, lui-même « double » de Joseph-Jérôme Grignon, Phonsine croit enfin tenir sa vengeance. Cet amour incestueux sera toutefois dûment puni : Marie-Didace s'attache à sa grand-mère, privant de ce fait Phonsine de l'affection à laquelle elle estime avoir droit. Rongée par le ressentiment et par l'inquiétude qui la tenaille depuis l'enfance — une enfance triste et solitaire d'orpheline confinée au pensionnat —, Phonsine n'aura même pas l'ultime satisfaction de se sentir libérée après la mort de l'Acayenne. Persuadée, au contraire, d'en être la cause, elle est happée par la folie qui n'attendait qu'une occasion pour se manifester. On ne transgresse pas impunément un interdit.

En fin de compte, c'est Angélina, cet autre « double » de Germaine Guèvremont, mais son double serein, si l'on peut dire, qui triomphe. Privée de père et de mère, la petite Marie-Didace se réfugie chez elle. Ainsi la boiteuse accède à son tour à la maternité, mais pour apprendre au même moment — coïncidence émouvante — que le Grand-dieu-des-routes est mort au champ d'honneur. Comme si, au delà de la tombe, le Survenant lui confiait sa « fille » :

> ⌒ « Enfin », pensa-t-elle, « il a trouvé son chemin. Il est rendu. » Un grand soupir lui échappa. Et elle pensa encore : « Il sait maintenant comment je l'ai aimé ! » Aussitôt elle se chagrina d'avoir pensé à lui au passé. Et elle se sentit veuve (*Marie-Didace*, II chap. VI, p. 229-230). ⌒

Enfouissant jalousement son secret au plus profond de son être, Angélina « redresse la tête » et se drape dans sa nouvelle « dignité [de] veuve », enfin libérée de son complexe d'infériorité. De son infirmité.

L'innocence est l'apanage de l'enfance. Quand Manouche eut sept ans — l'« âge de raison » —, elle perdit son innocence. Et cette perte capitale devait plus tard paralyser l'écrivain tenté par l'autobiographie. Mais si la pudeur empêche Germaine Guèvremont de mettre directement en scène l'enfant qui a maintenant atteint l'âge de raison, rien ne lui interdit de recourir à la transposition littéraire et de continuer ainsi, d'une autre manière, de parler d'elle-même, tant il est vrai que la nostalgie des secrets de l'enfance nous poursuit toute notre vie. La littérature s'apparente en effet à une cure. Comme on vient de le voir, l'œuvre romanesque de Germaine Guèvremont, forme d'auto-analyse, lui aura permis, sinon de se libérer de son complexe œdipien, du moins d'en alléger le poids, grâce à une sorte de transfert.

Notes

1. Voir Pierre Pagé et Renée Legris, *Répertoire des dramatiques québécoises à la télévision, 1952-1977*, Montréal, Fides, 1977, p. 147-148, et Renée Legris, *Dictionnaire des auteurs du radio-feuilleton québécois*, Montréal, Fides, 1981, p. 117-122. La formule même du radioroman (1952-1955) et du téléroman (1954-1960), avec ses épisodes brefs et circonscrits, convenait on ne peut mieux au talent de conteuse de Germaine Guèvremont qui trouva, de cette façon, le moyen de ressusciter intégralement l'univers imaginaire qu'elle avait créé dans *En pleine terre*, *le Survenant* et *Marie-Didace*. Le public, fidèle jusqu'au bout, lui manifesta son adhésion la plus totale. — Malgré l'intérêt indéniable que représente l'œuvre radiophonique et télévisuelle de Germaine Guèvremont, il ne saurait être question de l'aborder ici. Cette œuvre, aussi abondante que variée (elle compte plusieurs milliers de pages), n'est accessible que sur microfilm, ce qui en rend la consultation malaisée. Du reste, hors du cadre pour lequel ils ont été conçus et sans la voix ou la présence des interprètes qui leur ont donné vie, ces textes dramatiques pâlissent et perdent un peu de leur vertu. — La seule étude qui ait été consacrée à l'œuvre radiophonique de Germaine Guèvremont est due à James Herlan : « *Le Survenant* de Germaine Guèvremont : une étude comparative du roman et du radioroman », mémoire de maîtrise en études québécoises, Université du Québec à Trois-Rivières, 1980, 161 f. De cette thèse l'auteur a tiré un article intitulé « L'adaptation radiophonique du *Survenant* : structure dramatique », *Essays on Canadian Writing*, n° 15, été 1979, p. 69-85.

2. Germaine Guèvremont, « Le tour du village », [2], *Paysana*, vol. 4, n° 4, juin 1941, p. 10. Le portrait de la petite Germaine peint par sa mère est reproduit dans Rita Leclerc, *Germaine Guèvremont*, p. 15.

3. *Ibid.*

4. On consomme en effet beaucoup dans l'œuvre de Germaine Guèvremont. Voir Michel Servan [pseudonyme du docteur Roméo Boucher], « L'opinion du Grandgousier : la cuisine canadienne vue par Germaine Guèvremont », *Gastronomie*, juin 1946, p. 2. L'un des premiers articles de Germaine Guèvremont, signé « Janrhêve », exalte précisément la gourmandise : « Le monde où l'on s'amuse. Aux sucres », *l'Étudiant*, 3ᵉ année, n° 22, avril 1914, p. 6.

5. [Julia Richer], « Chez Fides. Retour du *Survenant* », *le Devoir*, 7 avril 1962, p. 34, et « Un retour du Survenant... c'est un peu moi, dit Germaine Guèvremont », *le Nouveau journal*, 5 mai 1962, p. III. Voir aussi Louis Pelletier-Dlamini, « Germaine Guèvremont. Rencontre avec l'auteur du *Survenant* », *Châtelaine*, vol. 8, n° 4, avril 1967, p. 86 : « Phonsine, cette jeune femme gauche que ses beaux-parents regardent "virer de long", c'est un peu moi ! La fragilité d'Angélina aussi. »

6. Cécile Chabot, « Cécile Chabot avec le Survenant et Germaine Guèvremont », *Paysana*, vol. 8, n° 3, mai 1945, p. 5.

7. Julia Richer, « Le livre de la semaine. *Le Survenant* », *le Bloc*, 17 mai 1945, p. 6.

8. Germaine Guèvremont, lettre à Jeannine Bélanger, 22 mars 1945, fonds Alfred DesRochers, Archives nationales du Québec à Sherbrooke, copie dactylographiée.

9. *Ibid.*

10. Quelques mois avant sa mort, Germaine Guèvremont confiait à Alice Parizeau : « Mon père me fit un jour une scène terrible parce que je m'étais permis de porter un pantalon et il m'accusa d'imiter l'exemple de George Sand dont "il ne voulait pas dans la famille". Pendant des années, je n'ai pas touché à ses livres de crainte de lui ressembler trop » (« Germaine Guèvremont, écrivain du Québec », *la Presse*, 3 février 1968, p. 12).

11. Cécile Chabot, « Cécile Chabot avec le Survenant et Germaine Guèvremont », *Paysana*, vol. 8, n° 3, mai 1945, p. 5. Voir aussi [Anonyme], « Le Survenant », *le Devoir*, 14 avril 1945, p. 8, *le Droit*, 14 avril 1945, p. 2, et *le Canada*, 20 août 1945, p. 5 (repris sous la signature de N.-D. E. dans *le Canada français*, vol. 33, n° 1, septembre 1945, p. 74-75).

12. Sœur Sainte-Marie-Éleuthère, « Mythes et symboles de la mère dans le roman canadien-français », dans *Archives des lettres canadiennes*. T. III : *Le Roman*, 1965, p. 201.

13. Germaine Guèvremont, « À l'eau douce », *Châtelaine*, vol. 8, n° 4, avril 1967, p. 35.

BIBLIOGRAPHIE

~

1. Œuvres de Germaine Guèvremont

En pleine terre. Paysannerie. Trois contes, Montréal, Éditions Paysana, 1942, 159 p. (2ᵉ éd. 1946, avec l'addition d'un quatrième conte : « Le petit bac du père Drapeau » ; 3ᵉ éd., Fides, « Rêve et Vie », 1955 ; 4ᵉ éd., Fides, « Goéland », 1976).

Le Survenant, Montréal, Éditions Beauchemin, 1945, 262 p. (2ᵉ éd., Paris, Plon, 1946 ; 3ᵉ éd., Fides, « Nénuphar, 22 », 1959 ; 4ᵉ éd., Fides, « Alouette bleue », 1962 ; 5ᵉ éd., Fides, « Bibliothèque canadienne-française », 1966 ; 6ᵉ éd., Fides, « Nénuphar, 45 », 1974 (« version définitive ») ; 7ᵉ éd., Fides, « Bibliothèque québécoise », 1982 ; 8ᵉ éd., Presses de l'Université de Montréal, « Bibliothèque du Nouveau Monde », 1989 (édition critique par Yvan G. Lepage) ; 9ᵉ éd., Fides, « BQ », 1990.

Marie-Didace, Montréal, Éditions Beauchemin, 1947, 282 p. (2ᵉ éd. publiée dans *le Monde français*, novembre 1947-mars 1948 ; 3ᵉ éd., Beauchemin, 1948 ; 4ᵉ éd., Paris, Plon, 1949 ; 5ᵉ éd., Fides, « Nénuphar, 16 », 1956 ; 6ᵉ éd., Fides, « Bibliothèque québécoise », 1980 ; 7ᵉ éd., Fides, « BQ », 1992 ; 8ᵉ éd., Presses de l'Université de Montréal, « Bibliothèque du nouveau monde », 1996 (édition critique par Yvan G. Lepage).

2. Études sur Germaine Guèvremont

Livres

CHARBONNEAU, Alain, *Le Survenant. Germaine Guèvremont*, Montréal, Éditions Hurtubise HMH, « Texto HMH », 1997, 96 p.

CIMON, Renée [pseudonyme de Madeleine Bellemare], *Germaine Guèvremont*, Montréal, Fides, « Dossiers de documentation sur la littérature canadienne-française, 5 », 1969, 56 p.

DUQUETTE, Jean-Pierre, *Germaine Guèvremont : une route, une maison*, Montréal, Presses de l'Université de Montréal, « Lignes québécoises », 1973, 79 p.

GIROUARD, Pierre, *Germaine Guèvremont et son œuvre cachée*, Tracy, Cégep de Sorel-Tracy, 1984, 64 p. (2ᵉ éd. revue et corrigée, Saint-Ours, Éditions de Neveurmagne, 1985).

LECLERC, Rita, *Germaine Guèvremont*, Montréal, Fides, « Écrivains canadiens d'aujourd'hui, 1 », 1963, 188 p.

Parties de livres

DUCROCQ-POIRIER, Madeleine, « *Le Survenant* de Germaine Guèvremont », dans le *Roman canadien de langue française de 1860 à 1958. Recherche d'un esprit romanesque*, Paris, Nizet, 1978, p. 333-343.

DUCROCQ-POIRIER, Madeleine, « *Marie-Didace* de Germaine Guèvremont », *ibid.*, p. 487-491.

PARADIS, Suzanne, « Alphonsine Beauchemin, Marie-Amanda Beauchemin, Angélina Desmarais », dans *Femme fictive, femme réelle. Le personnage féminin dans le roman canadien-français, 1884-1966*, Québec, Garneau, 1966, p. 30-43.

ROBIDOUX, Réjean et RENAUD, André, « *Le Survenant* et *Marie-Didace* », dans *le Roman canadien-français du vingtième siècle*, Ottawa, Éditions de l'Université d'Ottawa, 1966, p. 49-57.

ROY, Paul-Émile, « L'extinction de la dynastie des Beauchemin », dans *Études littéraires : Germaine Guèvremont, Réjean Ducharme, Gabrielle Roy*, Montréal, Méridien/Littérature, 1989, p. 11-47.

SAINTE-MARIE-ÉLEUTHÈRE, Sœur [Marie-Thérèse Laforest], *la Mère dans le roman canadien-français*, Québec, Presses de l'Université Laval, « Vie des lettres canadiennes, 1 », 1964, p. 34-47.

SMART, Patricia, « Germaine Guèvremont ou la maison ouverte à l'autre », dans *Écrire dans la maison du père. L'émergence du féminin dans la tradition littéraire du Québec*, Montréal, Québec/Amérique, 1988 (nouv. éd. revue et augmentée, 1990), p. 135-166.

VIAU, Robert, « La folie dans le roman québécois de 1940 à 1959 », dans *les Fous de papier*, Montréal, Méridien/Littérature, 1989, p. 165-198 (voir en particulier p. 167-172).

Articles

DUQUETTE, Jean-Pierre, « *En pleine terre*, recueil de nouvelles de Germaine Guèvremont (née Grignon) », *Dictionnaire des œuvres littéraires du Québec*. T. III : *1945-1959*, Montréal, Fides, 1982, p. 319-322.

DUQUETTE, Jean-Pierre, « *Marie-Didace*, roman de Germaine Guèvremont (née Grignon) », *ibid.*, p. 609-614 [repris en partie dans Germaine Guèvremont, *Marie-Didace*, Montréal, Fides, « BQ », 1992, p. 7-11].

LAFLEUR, Bruno, « *Le Survenant* et *Marie-Didace* », *Revue dominicaine*, vol. 54, n° 1, janvier 1948, p. 5-19.

LANGEVIN, André, « Nos écrivains. Madame Germaine Guèvremont », *Notre temps*, 12 juillet 1947, p. 1, 3.

LAVOIE, Michelle, « Du coureur de bois au Survenant (filiation ou aliénation ?) », *Voix et images du pays*, vol. 3, 1970, p. 11-25.

LEPAGE, Yvan G., « *Le Survenant* de Germaine Guèvremont », *Corpus*, n° 2, mars 1983, p. 27-28.

LEPAGE, Yvan G., « Germaine Guèvremont », *The Canadian Encyclopedia*, Edmonton, Hurtig Publishers, t. II, 1985, p. 780-781, et *l'Encyclopédie du Canada*, Montréal, Stanké, t. I, 1987, p. 510.

LEPAGE, Yvan G., « Genèse d'un mythe », introduction au *Survenant* de Germaine Guèvremont, Montréal, Fides, « BQ », 1990 (2ᵉ éd. 1992), p. 7-17.

LEPAGE, Yvan G., « "Cher Survenant..." : Germaine Guèvremont-Alfred DesRochers (1942-1951) », *Voix et images*, vol. 16, n° 1, automne 1990, p. 64-78.

LEPAGE, Yvan G., « L'illusion réaliste dans *le Survenant* de Germaine Guèvremont », *Mélanges de littérature canadienne-française et québécoise offerts à Réjean Robidoux*, Ottawa, Les Presses de l'Université d'Ottawa, « Cahiers du CRCCF », 1992, p. 152-163.

LEPAGE, Yvan G., « Du manuscrit au livre imprimé : le cas du *Survenant* de Germaine Guèvremont », *l'Édition littéraire en quête d'autonomie : Albert Lévesque et son temps*, Québec, Presses de l'Université Laval, 1994, p. 25-38.

LEPAGE, Yvan G., « Mort et transfiguration du roman de la terre », *Le Survenant et son temps*, préface de Sylvain Simard, Sorel, Centre d'interprétation du patrimoine de Sorel, 1997, p. 21-24.

MACCABÉE IQBAL, Françoise, « "Survenant" le rédempteur », *Solitude rompue. Textes réunis [...] en hommage à David M. Hayne*, Ottawa, Éditions de l'Université d'Ottawa, « Cahiers du CRCCF », 1986, p. 248-256.

MAJOR, André, « L'œuvre de Germaine Guèvremont. Toute de familiarité et de bonté », *le Devoir*, 31 août 1968, p. 9.

MAJOR, Robert, « Le Survenant et la figure d'Éros dans l'œuvre de Germaine Guèvremont », *Voix et images*, vol. 2, n° 2, décembre 1976, p. 195-208.

PARIZEAU, Alice, « Germaine Guèvremont, écrivain du Québec », *la Presse* (magazine), 3 février 1968, p. 12, 14, 15 [repris dans *la Frontière*, 19 juin 1968, p. 113, 115, 117].

PELLETIER-DLAMINI, Louis, « Germaine Guèvremont. Rencontre avec l'auteur du *Survenant* », *Châtelaine*, vol. 8, n° 4, avril 1967, p. 32, 33, 84, 86, 88.

ROBERTO, Eugène, « Hermès ou l'étranger », *Société royale du Canada, Présentation*, n° 38, 1982-1983, p. 51-58.

RUBINGER, Catherine, « Germaine Guèvremont et l'univers féminin », *le Devoir* (suppl.), 31 octobre 1967, p. xxii.

SAINTE-MARIE-ÉLEUTHÈRE, Sœur [Marie-Thérèse Laforest], « Mythes et symboles de la mère dans le roman canadien-français », *Archives des lettres canadiennes*. T. III : *le Roman*, Montréal, Fides, 1965, p. 197-205.

SYLVESTRE, Guy, « Réflexions sur notre roman », *Culture*, vol. 12, n° 3, septembre 1951, p. 227-246 (en particulier p. 239-240).

THÉRIO, Adrien, « *Le Survenant* de Germaine Guèvremont », *Lettres québécoises*, n° 28, hiver 1982-1983, p. 25-28.

VANASSE, André, « La notion d'étranger dans la littérature canadienne. IV : la rupture définitive », *l'Action nationale*, vol. 55, n° 5, janvier 1966, p. 606-611.

VANASSE, André, « *Le Survenant*, roman de Germaine Guèvremont (née Grignon) », *Dictionnaire des œuvres littéraires du Québec*. T. III : *1940-1959*, Montréal, Fides, 1982, p. 953-959.

WILLIAMSON, Richard C., « The Stranger Within : Sexual Politics in the Novels of Germaine Guèvremont », *Quebec Studies*, vol. 1, n° 1, printemps 1983, p. 246-256.

Le papier utilisé pour cette publication satisfait aux exigences minimales contenues
dans la norme American National Standard for Information Sciences –
Permanence of Paper for Printed Library Materials, ANSI Z39.48-1992.

ACHEVÉ D'IMPRIMER
CHEZ
MARC VEILLEUX,
IMPRIMEUR À BOUCHERVILLE,
EN FÉVRIER MIL NEUF CENT QUATRE-VINGT-DIX-HUIT